JUSTIÇA DESPORTIVA

JUSTIÇA DESPORTIVA
MUITO ALÉM DO JULGAMENTO POR MERO ESPORTE

ANDRÉ GALDEANO SIMÕES

JUSTIÇA DESPORTIVA
MUITO ALÉM DO JULGAMENTO POR MERO ESPORTE
© Almedina, 2023
AUTOR: André Galdeano Simões

DIRETOR DA ALMEDINA BRASIL: Rodrigo Mentz
EDITOR: Marco Pace
EDITOR DE DESENVOLVIMENTO: Rafael Lima
ASSISTENTES EDITORIAIS: Larissa Nogueira e Letícia Gabriella Batista
ESTAGIÁRIA DE PRODUÇÃO: Laura Roberti

REVISÃO: Gabriel Branco
DIAGRAMAÇÃO: Almedina
DESIGN DE CAPA: Roberta Bassanetto

ISBN: 9786554271349
Junho, 2023

Dados Internacionais de Catalogação na Publicação (CIP)
(Câmara Brasileira do Livro, SP, Brasil)

Simões, André Galdeano
Justiça desportiva : muito além do julgamento por mero esporte / André Galdeano Simões. – São Paulo, SP : Edições 70, 2023.
Bibliografia.
ISBN 978-65-5427-134-9
1. Direito desportivo 2. Esportes – Leis e legislação 3. Jogadores de futebol 4. Justiça desportiva I. Título.

23-154268   CDU-34:796.06(81)

Índices para catálogo sistemático:

1. Direito do trabalho desportivo : Direito desportivo 34:796.06(81)
Tábata Alves da Silva – Bibliotecária – CRB-8/9253

Este livro segue as regras do novo Acordo Ortográfico da Língua Portuguesa (1990).

Todos os direitos reservados. Nenhuma parte deste livro, protegido por copyright, pode ser reproduzida, armazenada ou transmitida de alguma forma ou por algum meio, seja eletrônico ou mecânico, inclusive fotocópia, gravação ou qualquer sistema de armazenagem de informações, sem a permissão expressa e por escrito da editora.

EDITORA: Almedina Brasil
Rua José Maria Lisboa, 860, Conj.131 e 132, Jardim Paulista I 01423-001 São Paulo I Brasil
www.almedina.com.br

Às minhas avós, Alice e Clarice (*in memoriam*), toda minha gratidão por serem minhas eternas fontes de amor e ensinamentos.

Assim, o desporto deverá sobreviver, superior, sobranceiro e soberano — fiel ao seu próprio destino e apenas submisso a si mesmo, isto é, aos preceitos da moral desportiva e às regras do direito desportivo. (LYRA FILHO, João, 1952, p. 117).

Com a autonomia (face interna) e a independência (face externa) realçadas pretende-se colocar o Tribunal de Justiça Desportiva como um órgão sem subordinação ou sujeição aos demais poderes da entidade de administração do desporto.
Contudo, não pode rotular-se de autônomo e independente um tribunal esportivo que só possa funcionar se outro poder da entidade destinar-lhe as instalações onde irá funcionar e o mínimo de material para realização dos serviços de sua secretaria. Não será autônomo nem independente um tribunal desportivo cujos servidores são pagos por outro poder da entidade diretiva, que os pode designar e remover a seu talante. (MELO FILHO, ÁLVARO, 1995, p. 169).

AGRADECIMENTOS

Inicialmente, ao meu orientador Professor Paulo Feuz, pois em nosso convívio, durante o período do curso de mestrado, conseguiu fortalecer e modificar algumas posições preconcebidas que possuía desde o início do meu projeto para o ingresso no curso. Foi uma honra poder contar com sua generosidade e ensinamentos.

Não menos importante foram as lições dos Professores Roberto Barracco, Rafael Fachada e Jean Nicolau, cujo apoio foi fundamental para que tivesse chegado até aqui.

Aos Professores Wladimyr Camargos e Martinho Neves Miranda, pela paciência e envio de material de pesquisa, que, com genialidade e sabedoria, souberam trazer-me calma nos momentos de dificuldade.

Aos Professores Flávia Zanini e Job Eloísio Vieira Gomes que me incentivaram a iniciar o mestrado.

Ao Professor Luiz Roberto Ayoub, que sempre foi uma inspiração para mim, desde os tempos da Escola da Magistratura do Estado do Rio de Janeiro (EMERJ), e com quem tive a felicidade de reencontrar e por quem nutro sincera gratidão, sentimento que nunca prescreverá.

Aos colegas do mestrado que, apesar da distância imposta pela pandemia, sempre trouxeram a parceria essencial para que eu enfrentasse meu momento de isolamento, muitos se tornaram amigos para a vida.

Às Doutoras Maíra Boshoff e Gabriela Messetti, que me permitiram ter mais tranquilidade durante a minha ausência, no meu período de trabalho, em razão dos estudos.

A todos os alunos que me incentivaram nos momentos de trocas de saberes em salas de aula, um dos locais em que mais amo estar. É preciso dizer que, certamente, aprendi mais com eles do que possam imaginar.

Em especial, ao Futjur e à Carina Ceroy, que sempre foram incansáveis para que eu pudesse ter a calma necessária para compartilhar este projeto com ambos.

Não tenho palavras para agradecer todo apoio na revisão de textos às queridas Renata Sussmann e Andrea Jaguaribe, que me fortaleceram o ânimo nos momentos mais difíceis para a conclusão desta dissertação.

A meu aluno e amigo Rafael Assis, pela constante troca de conhecimento e convergência de opiniões que trouxeram à luz para completar este trabalho.

Aos amigos que são fundamentais em minha vida e àqueles que se foram nesse período do mestrado, em especial ao incrível Dudley de Barros Barreto.

À minha mãe, que sempre esteve ao meu lado nos momentos mais difíceis. Ao meu pai, que, mesmo na saudade, nunca esteve ausente.

Aos meus irmãos e sobrinhos, que talvez não saibam o quanto são importantes em minha vida.

E aos meus filhos, que, definitivamente, me ensinaram a viver o amor incondicional, agradeço por terem me transformado em um ser humano melhor.

NOTA 1ª EDIÇÃO

O presente livro em quase sua totalidade traz a versão submetida à banca examinadora no dia 06 de dezembro de 2022, sendo composta pelos ilustres Professores Doutores Paulo Sérgio Feuz (orientador), Claudio Ganda de Souza e Jean Eduardo Batista Nicolau.

Realizei pequenos ajustes não apenas em razão das críticas construtivas trazidas pelos ilustres Doutores, bem como trazer uma apresentação que considero mais atraente para leitura sem a rigidez imposta pelo meio acadêmico, principalmente em relação às notas de rodapé.

Ainda no aguardo do trâmite da Nova Lei Geral do Esporte que traz poucas modificações sob a questão da Justiça Desportiva em relação a legislação vigente — embora admita os tribunais para mais de uma modalidade e a ampliação do uso de arbitragem.

Infelizmente não há previsão mais expressa relativa à profissionalização dos tribunais.

Há a real necessidade de alteração da Lei Pelé que durante quase 25 anos de sua promulgação trouxe significativa modernização para o esporte em nosso país.

A Lei Pelé não se sabe quando sairá de cena, mas o que Edson Arantes do Nascimento fez pelo esporte nacional, dentro e fora dos gramados, será eterno.

Rio de Janeiro, verão de 2023.
AGS

APRESENTAÇÃO

Justiça desportiva é uma noção polissêmica. Não é apenas à Justiça Desportiva (com *j* e *d* maiúsculos) que André Galdeano dedica sua obra. Seu objetivo é mais amplo, posto que, além de discorrer sobre esta Justiça Desportiva, de previsão constitucional, ele também se propõe a analisar os diversos órgãos e autoridades judicantes encarregados de apreciar os litígios de *natureza esportiva*, os quais podem relacionar-se à disciplina, à organização das competições, ao respeito da regulamentação antidopagem ou, ainda, a questões econômicas.

Dito isso, é certo que a proposta principal das pesquisas de André sempre foi realçar o debate — não exatamente recente — sobre a conveniência das bases sobre as quais repousa a Justiça Desportiva (comum) brasileira, aquela dotada de competência disciplinar que foi, repise-se, instituída pela Constituição Federal de 1988.

Nesse sentido, é apoiada na evolução do esporte de rendimento como atividade de crescente relevância econômica que a obra do autor, decorrente de seu mestrado cursado na PUC-SP, faz questão de evidenciar os pontos fracos de um modelo de resolução de controvérsias eminentemente dependente dos serviços de colaboradores voluntários, sejam estes defensores dativos ou, sobretudo, procuradores e julgadores.

Com efeito, o funcionamento tanto da Justiça Desportiva dita comum, quanto também da Justiça Desportiva Antidopagem — esta organizada sob a égide dos poderes públicos, embora independente — depende do exercício voluntário de funções de destacada relevância para o sistema esportivo, mas também para a sociedade brasileira de modo geral.

Embora não se questione o fato de as nomeações para órgãos da Justiça Desportiva poderem ser atrativas por razões não econômicas (satisfação pessoal, expansão de rede de contato, aprimoramento técnico...), parece efetivamente coerente questionar se o modelo uniforme imposto pela Constituição para a solução dos litígios disciplinares esportivos corresponde às expectativas do setor de maneira geral, e em particular de microssistemas economicamente robustos, como é o do futebol.

É sobretudo no contexto desta modalidade, em pleno processo de profissionalização no Brasil, que a seguinte questão se impõe: é razoável submeter os jurisdicionados do futebol de altíssimo rendimento a um tratamento bastante semelhante àquele conferido aos filiados às entidades que administram modalidades como, por exemplo, o futebol de mesa, a esgrima ou o tiro esportivo?

Nessa ordem de ideias, a obra de André interroga se não seria o momento de repensar o sistema nacional de solução das disputas esportivas. Uma questão certamente legítima, mas cuja resposta está longe de ser óbvia: se fosse o caso, os membros da comissão disciplinar da *Ligue de Football Professionnel* francesa, para ficar em apenas um exemplo, seriam remunerados pelo exercício de suas funções — o que não ocorre.

Inevitavelmente, a obra de André estimula o cotejamento entre, de um lado, um modelo de Justiça Desportiva universal, pouco oneroso e, a rigor, bastante operacional; e, de outro lado, um hipotético modelo de Justiça Desportiva *à la carte*, posto que variável e adaptável aos interesses concretos de cada entidade de administração do esporte ou, ainda, dos organizadores de cada competição.

De toda forma, é certo que qualquer discussão sobre a reformulação do sistema em vigor apenas avançará se o principal empecilho à dita profissionalização da Justiça Desportiva for superado: quem pagará a conta?

Com meus sinceros cumprimentos ao caríssimo André, pelo resultado alcançado, desejo a todos os seus leitores, iniciados e iniciantes no estudo da estrutura e do direito do esporte, uma prazerosa e produtiva leitura.

Professor Doutor Jean Nicolau

PREFÁCIO

O autor é um brilhante advogado, que já atua há muitos anos no Direito Desportivo e que tive o prazer de conhecer como seu Professor e Orientador no Programa de Mestrado em Direito Desportivo da PUC/SP.

O autor sempre foi muito participativo e suas participações em sala de aula foram motivadoras para os demais mestrandos do Programa.

O tema eleito pelo André em seu livro que é objeto de seus estudos destaca a importância e função social da Justiça Desportiva no Brasil e controle da integridade das competições, assegurando a todos a ampla defesa e o contraditório.

O presente trabalho explora de maneira científica a importância do modelo Brasileiro de Justiça Desportiva para o esporte.

Assim, muito me honrou ter sido convidado pelo Autor para prefaciar essa obra, que destaca a importância do controle jurisdesportivo do Esporte Nacional e para o Núcleo de Direito Desportivo da Pontifícia Universidade Católica de São Paulo, para o Poder Judiciário e para toda a sociedade.

A Justiça Desportiva prevista no artigo 217 da Constituição Federal tem como fundamento a proteção dos direitos fundamentais, dos direitos sociais, da dignidade da pessoa humana e a proteção do esporte competitivo em um Estado Democrático de Direito.

Finalizando, agradeço a oportunidade ao autor com a certeza de sucesso da obra e com recomendação de distinção aos leitores, pois, trata-se de uma oportunidade de uma leitura muito interessante, contagiante sobre um tema que nos apaixona que é o Esporte, a Justiça Desportiva e seus impactos para a sociedade brasileira!

Professor Doutor Paulo Sérgio Feuz

SUMÁRIO

Nota 1ª Edição 13
Apresentação 15
Prefácio 17

INTRODUÇÃO 21
1 HISTÓRICO E ORIGEM DA LEGISLAÇÃO DESPORTIVA 25
   1.1 Do marco legal no Brasil 27
   1.2 Direito desportivo como direito fundamental 29
      1.2.1 Esporte como meio de inclusão social. 33
      1.2.2 Entidade de prática desportiva e sua função social . . 35
   1.3 Natureza jurídica da justiça desportiva 38
      1.3.1 Fontes do Direito Desportivo. 42
      1.3.2 Autonomia do Direito Desportivo 44
   1.4 Organização e funcionamento da justiça desportiva 46
      1.4.1 Justiça Antidopagem e seu marco histórico 49
      1.4.2 Natureza jurídica da justiça antidopagem 51
      1.4.3 Críticas à justiça desportiva antidopagem 53

2. DIREITO COMPARADO 55
   2.1 Justiça desportiva na Espanha 56
   2.2 Justiça desportiva na Itália 58
   2.3 Justiça desportiva em Portugal 59
   2.4 Justiça desportiva na CONMEBOL 63
   2.5 Justiça desportiva na FIFA e o Tribunal Arbitral do Esporte
      (Tribunal Arbitral du Sport (TAS) ou Corte Arbitral
      do Esporte (Court of Arbitration for Sports (CAS) 65

3 ACESSO À JUSTIÇA 71
   3.1 Normas, princípios e regras 72

3.2 Jurisdição 74
3.3 Princípio da Inafastabilidade da jurisdição. 76
3.4 Jurisdição desportiva 78
3.5 Autonomia da justiça desportiva e mitigação do acesso
à justiça comum 80
3.6 Métodos alternativos para solução de conflitos 83
3.7 Diferenças entre justiça comum, CNRD e arbitragem 85
    3.7.1 Judiciário. 85
    3.7.2 Arbitragem. 86
    3.7.3 Câmara Nacional de Resolução de Disputas 91

4. PROBLEMAS DA JUSTIÇA DESPORTIVA. 95
4.1 Ausência de personalidade jurídica própria
e profissionalização. 97
4.2 Subjetividade das nomeações dos auditores e necessidade
de julgadores independentes. 100
4.3 Interferência da justiça comum 106
    4.3.1 Copa União de 1987. 108
    4.3.2 Renúncia à justiça ordinária e suas sanções.. 110
4.4 Comissões disciplinares e o desporto feminino 112

5 JUSTIÇA DESPORTIVA E A NECESSIDADE
DE SUA PROFISSIONALIZAÇÃO 115
5.1 Preenchimento por meio de processo seletivo. 116
5.2 Autonomia financeira e tribunais multidisciplinares. 120
5.3 Inserção de métodos alternativos de resolução de conflitos
(conciliação e mediação). 124
5.4 Ampliação das atribuições pedagógicas e sociais da ENAJD 126

CONCLUSÃO. 131

Lista de figuras. 133
Lista de abreviaturas e siglas 135
Referências 137

INTRODUÇÃO

O desporto está presente na vida da sociedade, de forma direta ou indireta, exercendo relevante papel de inclusão social, sendo fundamental para saúde, educação, economia e outros setores.

Sua evolução histórica demonstra a existência de um conjunto de normas e regras consubstanciadas nos costumes, essencialmente de criação popular.

É de notório conhecimento que algumas modalidades, principalmente o futebol, alcançaram níveis de negócios bilionários, com valores superiores ao Produto Interno Bruto (PIB) de muitos países, a título exemplificativo no ano de 2022 totalizaram-se 20.209 transferências internacionais, que envolveram 4.770 clubes, sendo o Brasil responsável pela realização de 2.061 transferências, correspondendo à movimentação de USD 843.2 milhões[1].

Assim, o Direito Desportivo organizou um ecossistema próprio, de particularidades que velam pela autorregulação de seus princípios, que são transnacionais para normatizar a prática esportiva, bem como julgar os litígios que ocorrem na seara da disciplina e da competição. Para fins didáticos, no momento da produção deste livro, a Federação Internacional de Associações de Futebol reúne 211 nações, enquanto a Organização das Nações Unidas possui 193 Estados soberanos[2].

Inicia-se a abordagem da temática visualizando seus avanços históricos e o desporto como direito fundamental, tendo relevância,

---

[1] Disponível em: https://digitalhub.fifa.com/m/2ee0b8943684e25b/original/FIFA-Global-Transfer-Report-2022.pdf. Acessado em: 27 de janeiro de 2023.
[2] Disponível em: https://gizmodo.uol.com.br/copa-2022-por-que-a-fifa-tem-mais-paises-membros-que-a-onu-entenda/. Acessado em: 28 de dezembro de 2022.

inclusive, nas questões humanitárias de direitos humanos. Serão também confrontados a conceituação de sua natureza jurídica, a autonomia, a organização e o funcionamento, partindo-se de um estudo interno do ordenamento jurídico, no qual o legislador constituinte concedeu tratamento constitucional à matéria, no Artigo 217 da Constituição da República Federativa do Brasil de 1988 (CF), outorgando autonomia às entidades desportivas quanto à sua organização e funcionamento.

Em seguida, serão abordados o Direito Comparado Desportivo em outros países, bem como as normas de regulação das entidades internacionais de administração do futebol: CONMEBOL e FIFA.

Cabe ressaltar que o ponto central do presente trabalho está balizado nos desafios a serem enfrentados pela Justiça Desportiva brasileira face à estagnação de seu modelo perante o tempo.

Por se tratar de uma problemática contemporânea, o presente estudo se valeu de métodos procedimentais e históricos, partindo de uma análise de artigos publicados em sítios eletrônicos, pesquisa de campo nos tribunais, obras literárias do Direito Desportivo e matérias jornalísticas. Dessa forma, esta dissertação objetiva contribuir com o debate da reformulação da Justiça Desportiva brasileira, visando à profissionalização dos Tribunais Desportivos, sob o enfoque da autonomia constitucional, dos princípios e preceitos da moral desportiva, além de exercer papel fundamental na proteção dos direitos humanos.

A Justiça Desportiva pode ser dividida não só nos tribunais disciplinares, mas também na arbitragem e justiça antidopagem, cujo objeto não será analisado diretamente neste trabalho, sendo apresentado no quinto capítulo, com breves análises.

Embora na Europa e em outros países a arbitragem seja um meio de resolução de conflitos mais utilizados nas divergências desportivas, este método ainda possui algumas questões que merecem um melhor amadurecimento para sua efetiva implementação.

A CF de 1988 consagra a autonomia desportiva e a criação da Justiça Desportiva para dirimir questões relativas a competições e disciplina, sendo este um sistema único em nosso mundo a possuir características próprias em função das dimensões geográficas de nosso país, além do avanço da importância do profissionalismo no esporte, as quais respaldam a necessidade de constante evolução deste sistema.

INTRODUÇÃO

Embora em um primeiro momento entenda-se que a arbitragem possa ser a melhor maneira de resolução de conflitos, as características nacionais, aliadas ao seu alto custo, de certo modo, inviabilizam que seja esta a única forma de julgamentos desportivos. A Justiça Desportiva, apesar de algumas críticas, demonstra ser eficiente, porém necessita de pequenos ajustes como sua profissionalização e maior autonomia em relação às entidades de administração desportiva.

O presente trabalho tem como escopo apresentar algumas dessas alternativas para o melhor funcionamento da Justiça Desportiva, com julgamentos mais técnicos e menos políticos no que diz respeito ao acesso à justiça, aos direitos humanos e ao melhor desenvolvimento do esporte e suas competições.

1 HISTÓRICO E ORIGEM DA LEGISLAÇÃO DESPORTIVA

Os eventos esportivos tiveram como marco inicial as competições na Grécia Antiga, mas tais competições eram ligadas ao culto, à estética humana e aos Deuses no Século VIII a.C. Posteriormente, na Roma Antiga, o esporte era utilizado como entretenimento da população através da política do "Pão e Circo", a fim de diminuir a liberdade daqueles contrários à ideologia dos imperadores e coibir os conflitos políticos[3].

Neste longo período, pode-se concluir que o desporto era unicamente ligado à iniciativa pública, que o utilizava como manifestação cultural com finalidades políticas e religiosas, sempre tendo em vista a manutenção do poder.

No período da Idade Média, o desporto vivenciou um período de decadência em razão das extensas guerras entre os povos e a reclusão da população em seus feudos.

O esporte ressurgiu no período da Revolução Industrial por meio das escolas inglesas no final do Século XVIII.

Na obra "O Direito no Desporto", Martinho Neves Miranda[4] trata sobre o ressurgimento do esporte no mundo:

> Inspirada no pensamento renascentista, a prática dos esportes atléticos reiniciou-se no seio das classes elitistas existentes à época, que, diversamente do proletariado, tinham tempo livre suficiente para se dedicarem a essas atividades.

---

[3] Historicamente o esporte sempre foi utilizado pelo poder público como instrumento de entretenimento da população, a fim de diminuir a liberdade daqueles contrários à ideologia dominante naquele período.
[4] MIRANDA, Martinho Neves. O Direito no Desporto. Lumen Juris. 1ª. ed. Rio de Janeiro. 2007. Página 31.

No Século XIX, surgiram as primeiras associações desportivas, sendo definidas normas para cada modalidade. Um bom exemplo disso foi a criação de regras para o futebol, em 1848, pela Universidade de Cambridge, as quais facilitaram a diferenciação entre o futebol e o rugby, bem como a criação da primeira associação de futebol em Londres, em 1863. A primeira competição oficial inglesa ocorreu em 1871 e acontece até os dias de hoje com o nome de FA CUP (*Football Association Cup*).

Em 1894, com o intuito de fomentar a comunicação entre os povos e a paz mundial, o francês, pedagogo e historiador, Pierre de Frédy (1863-1937), conhecido pelo seu título nobre de Barão de Coubertin, criou o Comitê Olímpico Internacional (COI), que reinstituiu os Jogos Olímpicos da Grécia Antiga e, até hoje, organiza e promove sua realização a cada quatro anos. Os primeiros Jogos Olímpicos da Era Moderna ocorreram em 1896 na cidade grega de Atenas.

No início do Século XX, mais precisamente em 1904, foi criada, em Paris, a Federação Internacional de Futebol (FIFA). A FIFA, como é mais conhecida, controla o esporte coletivo mais popular do mundo: o futebol.

Em 1930, no Uruguai, aconteceu a primeira Copa do Mundo, torneio internacional de futebol, organizado e promovido pela FIFA, realizado a cada quatro anos, como os Jogos Olímpicos. Desde então, o torneio só não foi disputado na década de 1940, em razão da Segunda Guerra Mundial.

Na América do Sul, as conquistas da Copa pelas seleções de futebol do Brasil, em 1970, e da Argentina, em 1978, foram exploradas pela propaganda dos seus respectivos regimes militares, apresentando um cunho público e populista, de responsabilidade do Estado.

A iniciativa privada iniciou sua participação significativa no esporte através da realização dos Jogos Olímpicos de Verão de 1984 (1984 *Summer Olympics*), sediados em Los Angeles, nos Estados Unidos. Até aquele momento, os jogos eram custeados exclusivamente pelo poder público e, em consequência, tornavam-se eventos deficitários financeiramente. Porém, com a parceria público-privada na organização e no recebimento dos dividendos, foi possível gerar um lucro em torno de US$ 250 milhões com as Olimpíadas daquele ano.

INTRODUÇÃO

Na década de 90, a organização da Copa do Mundo de Futebol da FIFA, presidida, então, pelo brasileiro João Havelange, passou a render cerca de 261 milhões de dólares, apenas com receita de direitos de transmissão para televisão.

Mais recentemente, na Copa do Mundo de 2022, o governo do Qatar investiu US$ 229 bilhões (R$ 1,22 trilhão) para a realização do evento esportivo mais caro da história. Este pequeno país em dimensões geográficas, porém rico na extração de petróleo, possui um regime autoritário e se utilizou do torneio mundial para melhorar sua imagem perante a população mundial.[5]

1.1 Do marco legal no Brasil

As primeiras associações desportivas nacionais tiveram início através dos imigrantes ou de estudantes que foram estudar na Europa no final do Século XIX, mesmo com a criação do Comitê Olímpico Brasileiro em 1914.

O primeiro ato normativo do Estado Brasileiro nas atividades desportivas definiu-se com o Decreto-Lei nº 1.056, de 19 de janeiro de 1939, que criou a Comissão Nacional de Desportos, com a responsabilidade de realizar um estudo e apresentar um plano geral de regulamentação.

Foram necessários dois anos de análise, que culminou com a promulgação do Decreto-Lei 3.199, de 14 de abril de 1941, considerada a primeira legislação sobre o tema no país. Cabe ressaltar que a grande maioria das leis brasileiras que regulamentou o desporto se deu em períodos ditatoriais, quando o esporte era utilizado como meio para manutenção do poder, sendo a matéria controlada pelo Estado, por meio do Ministério da Educação e Saúde daquela época.

O processo de disciplinarização do esporte ocorreu durante o Estado Novo de Vargas, buscando enquadrar as práticas desportivas

---

[5] *Sportwashing* é uma estratégia de marketing que utiliza o esporte para reposicionar a imagem de uma marca, produto ou país. A Alemanha Nazista usou as Olimpíadas de 1936 para popularizar o regime de Hitler, bem como o regime autoritário na Argentina também usou a Copa do Mundo de 1978.

nas formulações ideológicas oficiais, construindo um sistema jurídico que reproduziria no futebol os ideais autoritários[6].

Este último decreto instituiu o Conselho Nacional de Desportos (CND), bem como os Conselhos Regionais de Desportos (CRD), órgãos ligados ao Estado, que somente começaram a soltar suas amarras a partir da CF de 1988, mais especificamente em seu Artigo 217, que prevê a autonomia esportiva e a necessidade de julgamento da Justiça Desportiva em matérias relativas a competições e disciplina. De acordo com os ensinamentos de Manoel Tubino, último Presidente do CND:

> "existem três etapas no sistema desportivo nacional:
> a) Primeiro momento: no início das instituições em que não haviam regramentos;
> b) Segundo momento: A partir de 1941 até 1985, em que é instituída a Justiça Desportiva e o Estado toma à frente do controle do desporto; e,
> c) Terceiro Momento: a partir de 1985 com o processo de reabertura política em que se busca a autonomia das entidades esportivas."

Profunda modificação legislativa se deu com o advento da Lei Zico (Lei 8.672, de 6 julho de 1993), revogada, e, posteriormente, com a denominada Lei Pelé (Lei 9.615, de 24 de março de 1998), atualmente em vigor, as quais buscam a profissionalização do desporto, prevendo a extinção do CND e a criação dos Tribunais Desportivos.

Entre 1981 e 2003, vigorou, especificamente para modalidade futebol, o Código Brasileiro Disciplinar de Futebol, também revogado por meio da Resolução CNE Nº 1, de 23 de dezembro de 2003, órgão vinculado ao Ministério dos Esportes, que criou o Código Brasileiro de Justiça Desportiva (CBJD), sendo esta legislação válida para todas as competições esportivas nacionais.

---

[6] SOARES. Jorge Miguel Acosta. O dono da bola: o Estado Novo e a justiça desportiva no Brasil. Appris. 1ª edição. Curitiba. 2021. p. 20.

Atualmente, o CBJD permanece vigente, porém teve seus dispositivos alterados pela Resolução CNE nº 29, de 10 de dezembro de 2009.

A evolução do profissionalismo no esporte trouxe a consequente necessidade de reforma de todo o sistema desportivo brasileiro, incluindo a Justiça Desportiva, estando, no momento, em análise através do Projeto de Lei 1.153/2019, de autoria do Senador Veneziano Vital do Rêgo, do Partido Socialista Brasileiro, da Paraíba (PSB/PB), o qual foi apensado ao Projeto de Lei do Senado nº 68/2017, que tem como relatora a Senadora Leila Barros, do Distrito Federal.

O referido projeto de lei institui a criação da Nova Lei Geral do Esporte que consolidará as normas e regulações do esporte brasileiro, promovendo uma modernização da gestão do desporto, aumentando a regência e a transparência nas entidades de práticas desportivas brasileiras.

1.2 Direito desportivo como direito fundamental

Os direitos fundamentais, que apresentam sua base no pensamento iluminista e que culminou com a Revolução Francesa em 1789, podem ser definidos como normas de natureza protetiva em prol do ser humano, a fim de garantir o mínimo necessário para que um indivíduo exista de forma digna numa sociedade administrada pelo poder estatal, bem como asseverar direitos defensáveis à luz de cláusulas pétreas e contra as ingerências estatais, sendo atribuídas a esses o valor de normas fundamentais em favor do cidadão, provindas da essência do Estado Democrático de Direito, princípio instituído pela CF/88 em seu Artigo 1º, Nas lições do Constitucionalista português Canotilho[7]:

> "[...] os direitos fundamentais em sentido próprio são, essencialmente direito são homem individual, livre e, por certo, direito que ele tem frente ao Estado, decorrendo o caráter

---

[7] CANOTILHO, José Joaquim Gomes. Direito Constitucional e Teoria da Constituição, 5ª edição. Editora Livraria Almedina, 2002.

absoluto da pretensão, cujo exercício não depende de previsão em legislação infraconstitucional, cercando-se o direito de diversas garantias com força constitucional, objetivando-se sua imutabilidade jurídica e política. [...] direitos do particular perante o Estado, essencialmente direito de autonomia e direitos de defesa".

Consoante o Jorge Miranda: "direitos fundamentais são os direitos que, por isso mesmo, se impõem a todas as entidades públicas e privadas" e que "incorporam os valores básicos da sociedade[8]".

Os direitos fundamentais decorrem de um Estado Democrático de Direito. Neste sentido, cabe reproduzir as lições do Ministro Marco Aurélio Mello[9]:

> Tais direitos asseguram a contribuição de todos os cidadãos para o exercício da democracia. Constroem um ambiente livre para essa participação — os direitos de associação, de formação de partidos, de liberdade de expressão, são, por exemplo, direitos constitutivos do próprio princípio democrático — [...].

Os direitos fundamentais estão diretamente ligados aos direitos humanos, reconhecidos pela Declaração Universal dos Direitos Humanos, proclamada pela Assembleia Geral das Nações Unidas (ONU), por meio da Resolução nº 217A III, em 10 de dezembro de 1945, que, segundo a doutrina, podem ser divididos em gerações ou dimensões.

O Ministro do Supremo Tribunal Federal (STF) Gilmar Ferreira Mendes, em sua obra "Curso de Direito Constitucional"[10], defende a divisão como:

---

[8] MIRANDA, Jorge. Direito Constitucional — Tomo IV, Coimbra Editora. Coimbra, 2000.

[9] MELLO, Marco Aurélio. Liberdade de Expressão, Dignidade Humana e Estado Democrático de Direito. *In Tratado Luso-Brasileiro da Dignidade da Pessoa Humana*. MIRANDA, Jorge et alli (org.). Quartier Latin. São Paulo. 2009.

[10] MENDES, Gilmar Ferreira. Curso de Direito Constitucional. São Paulo: Saraiva jur, 2022. P. 276.

Essa distinção entre gerações dos direitos fundamentais é estabelecida apenas com o propósito de situar os diferentes momentos em que esses grupos de direitos surgem como reivindicações acolhidas pela ordem jurídica. Deve-se ter presente, entretanto, que falar em sucessão de gerações não significa dizer que os direitos previstos num momento tenham sido suplantados por aqueles surgidos em instante seguinte. Os direitos de cada geração persistem válidos juntamente com os direitos da nova geração, ainda que o significado de cada um sofra o influxo das concepções jurídicas e sociais prevalentes nos novos momentos. Assim, um antigo direito pode ter o seu sentido adaptado às novidades constitucionais.

Os direitos fundamentais de primeira geração referem-se a liberdades individuais, estabelecendo autonomias pessoais contrapostas aos abusos do poder. A segunda geração é marcada pelo reconhecimento das liberdades sociais, econômicas e culturais, necessitando de uma intervenção estatal para criá-las.

Por fim, os de terceira geração surgiram após a Segunda Guerra Mundial e estão voltados aos valores de fraternidade/solidariedade, que visam à autodeterminação dos povos.

O esporte reúne o conjunto de direitos que integram a Declaração Universal dos Direitos Humanos que possui como fundamentos "da liberdade, da paz e da justiça no mundo". Isto significa que o esporte é cidadania e, como tal, deve respeitar os direitos fundamentais[11], entendimento ratificado na Carta Internacional da Educação Física e do Esporte da UNESCO de 1978[12], que assegura que todo ser humano tem o direito fundamental de acesso ao esporte, elemento essencial para o pleno desenvolvimento de sua personalidade.

A CF/88 atribui o direito ao esporte como propriedade constitucional, solidificando-o como um direito fundamental de terceira

---

[11] ONU. Declaração Universal dos Direitos Humanos. Paris, 10 dez. 1948. Disponível em: https://www.unicef.org/brazil/declaracao-universal-dos-direitos-humanos. Acesso em 08 de setembro de 2022
[12] UNESCO. Carta Internacional da Educação Física e do Esporte da UNESCO. Paris, 21 nov. 1978. Disponível em: https://unesdoc.unesco.org/ark:/48223/pf0000216489_p or. Acesso em: 08 de setembro de 2022.

geração, ou seja, tem como destinatária toda a humanidade, como os difusos e coletivos, que se assentam na fraternidade e/ou solidariedade, tornando-se um dever do Estado.

Wladimyr Camargos[13] traduz o entendimento de João Lyra Filho, o Patrono do Direito Desportivo no Brasil, sobre o cunho fundamental do desporto:

> O autor partia, desse modo, da ideia de constituição de um sistema autorreferente, com "regras orgânicas" — direito interno da esfera esportiva transnacional, que se desenvolvia em razão da preservação da "substância específica do próprio desporto". Leia-se: a linguagem lúdica criava linguagem jurídica orgânica, autárquica e transnacional. Entendia que do esporte: "desperta-se a linguagem de um entendimento coletivo, que transcende idiomas e superam sentimentos individualistas".

O fundamento do direito ao desporto como um direito social fundamental é alicerçado na importância dada à legislação desportiva por parte da Carta Magna, ao estabelecer competência legislativa concorrente, ou seja, exercida simultaneamente pelos órgãos da União, Estados e Distrito Federal para legislar em matéria desportiva, conforme ensina o Artigo 24, Inciso IX, da CF/88:

> "Art. 24. Compete à União, aos Estados e ao Distrito Federal legislar concorrentemente sobre:
> [...]
> IX-educação,cultura,ensino,desporto, ciência, tecnologia,pesquisa, desenvolvimento e inovação; (...)"

A prática do desporto está intimamente relacionada com diversos direitos fundamentais como, por exemplo, o direito à: saúde, educação, lazer, trabalho, reunião e associação, dentre o rol exemplificativo previsto nos Artigos 5º e 6º da CF/88.

---

[13] CAMARGOS, Wladimyr. João Lyra Filho e a distorção do espaço-tempo. Lei em Campo, 2019. Disponível em: https://leiemcampo.com.br/joao-lyra-filho-e-a-distorcao-do-espaco-tempo/. Acesso em 22 de agosto de 2022.

Destarte, a atividade desportiva apresenta características que se amoldam aos conceitos dos direitos fundamentais, como a paixão pelo esporte, o entretenimento (lazer), o patrimônio cultural e histórico das diversas modalidades desportivas, inclusive o futebol, a qual é a mais popular das práticas desportivas no Brasil.

1.2.1 Esporte como meio de inclusão social

O esporte como fenômeno integrativo apresenta importante função na sociedade, visto que abrange diversos setores, exercendo relevante papel inclusivo, sendo fundamental para saúde, educação, turismo e outros setores.

A prática esportiva desenvolve habilidades físicas, sociais, cognitivas, que independem de raça, cor, orientação sexual, religião e/ou nacionalidade. Portanto, o esporte possui uma posição de agregar distintas realidades, sejam elas de classes socioeconômicas, étnicas e/ou raciais.

A prática desportiva, normalmente, é iniciada na infância e na adolescência e é por meio desse ambiente de convivência social e de ensino, em que são proporcionados o desenvolvimento moral, ético e psicológico que oportunizam aos seus praticantes um bom crescimento e habituação com a fase adulta da vida.

Nesta senda, exalta-se a competência do esporte em colaborar para inclusão do ser humano frente a uma sociedade excludente, na qual o excluído coloca-se nas mesmas condições que seu combatente.

Lyra Filho[14] acrescenta:

> "Aqueles que se interessam realmente pela felicidade social e política deste país não reclamariam conhecimento mais profundo, para se certificarem de que a riqueza do futuro está na preparação da mocidade, não apenas, em termos de cultura técnica ou científica, mas, igualmente, na base da sua própria

---

[14] LYRA FILHO, João. Introdução ao Direito Desportivo. Rio de Janeiro. Irmãos Pongetti, 1952, p. 82.

formação moral, que é de saúde de espírito, adestramento de corpo e educação de instinto."

Por isso, muitas crianças sonham em mudar a vida através do esporte e proporcionar uma melhor para seus entes queridos também, muitas das vezes abdicando de sua infância ou adolescência.

Dentre várias histórias, cito a de Isaquias Queiroz dos Santos[15], pessoa humilde, baiano, filho de empregada doméstica, que se tornou ídolo nacional nos Jogos Olímpicos de Verão Rio 2016 (Rio 2016 *Summer Olympics*), ao se tornar o primeiro atleta nacional a conquistar três medalhas olímpicas em uma mesma edição dos jogos.

A trajetória de Antony Matheus dos Santos, conhecido como Antony, que ingressou nas categorias de base do São Paulo aos 11 anos, estreou no profissional na reta final do campeonato brasileiro de 2018, atuando em 52 jogos pelo time principal, sendo vendido em 2020 ao Ajax da Holanda por 16 milhões de euros e, posteriormente, nesse ano foi concretizada sua venda para o Manchester United da Inglaterra, que pagará 95 milhões de euros ao time holandês, além de mais 5 milhões de euros em bônus, tornando-se a maior transferência do campeonato holandês[16], sendo mais um relato sobre a da importância do esporte na vida do ser humano.

Por fim, não poderia deixar de registrar a história de vida de Adriano, do até então franzino jogador da periferia do Rio de Janeiro, o qual deixou seu país de origem para se tornar "Imperador" no futebol italiano. Recentemente, houve um documentário lançado em serviço de *streaming* que narra os pontos altos e baixos da vida deste jogador, considerado um dos maiores do futebol brasileiro[17].

---

[15] Disponível em: https://www.cob.org.br/pt/cob/time-brasil/atletas/isaquias-queiroz-dos-santos/. Acesso em: 08 de setembro de 2022.
[16] Disponível em: https://www.lance.com.br/futebol-internacional/manchester-unite d-oficializa-contratacao-de-antony.html. Acesso em: 08 de setembro de 2022.
[17] Disponível em: https://www.uol.com.br/esporte/futebol/ultimas-noticias/2022/07/05/adriano-imperador-documentario-paramount.htm. Acesso em 08 de setembro de 2022.

1.2.2 Entidade de prática desportiva e sua função social

A atividade desportiva é a exteriorização de um fato da sociedade observado nas casas vizinhas com a bandeira de determinado clube, nas partidas de ruas ou nas quadras de condomínios, nas notícias dos jornais e na euforia ou tristeza estampada em cada semblante.

Não há como negar a interferência do esporte na sociedade, bem como todo fenômeno social globalizado. Assim sendo, o desporto em suas diversas áreas de atuação se projeta no mundo jurídico.

O esporte repercute na política, na psicologia, na cultura do povo, rompe barreiras geográficas e culturais, promovendo valores cívicos, a integração regional e a inclusão social.

Manoel José Gomes Tubino[18] preconiza as transformações que o esporte pode realizar:

> Fenômeno sociocultural cuja prática é considerada direito de todos e que tem no jogo o seu vínculo cultural e na competição seu elemento essencial, o qual deve contribuir para a formação e aproximação dos seres humanos ao reforçar o desenvolvimento de valores como a moral, a ética, a solidariedade, a fraternidade e a cooperação, o que pode torná-lo um dos meios mais eficazes para a convivência humana.

Segundo a entidade máxima do futebol no mundo, a FIFA, mais de 3,5 bilhões de pessoas assistiram à Copa do Mundo da Rússia de 2018; em outras palavras, quase metade da população mundial acompanhou o evento desportivo[19].

É inegável a repercussão que o esporte gera na sociedade e, principalmente, na economia, desenvolvendo características próprias universais, capazes de reunir povos e nações.

---

[18] TUBINO, Manoel José Gomes; GARRIDO, Fernando Antonio Cardoso; TUBINO, Flávio Mazeron. Dicionário enciclopédico Tubino do esporte. Rio de Janeiro: SENAC Editoras, 2007. p. 37.
[19] Disponível em: https://extra.globo.com/esporte/melhor-copa-do-mundo-da-histor ia-teve-audiencia-recorde-em-2018-diz-fifa-23321043.html. Acesso em: 08 de setembro de 2022.

Diante desse cenário, as entidades formadoras internacionais e nacionais assumem o comprometimento de propagar os valores da dignidade da pessoa humana, respeitar os Direitos Humanos e reprimir qualquer natureza de discriminação.

A partir do ano de 2015, o legislador nacional positivou o que de fato já era realidade nas entidades de práticas desportivas, atribuindo sua natureza de formação, alterando o Artigo. 3º da Lei Pelé[20], para acrescentar o Inciso IV, tornando o desporto responsável pela difusão e iniciação esportiva do atleta, com a finalidade de promover conhecimentos a fim de aperfeiçoar sua capacidade técnica para fins competitivos e recreativos. O Inciso IV do Artigo 3º, após sua retificação estabelece-se da seguinte forma:

> Art. 3º. O desporto pode ser reconhecido em qualquer das seguintes manifestações: [...] IV — desporto de formação, caracterizado pelo fomento e aquisição inicial dos conhecimentos desportivos que garantam competência técnica na intervenção desportiva, com o objetivo de promover o aperfeiçoamento qualitativo e quantitativo da prática desportiva em termos recreativos, competitivos ou de alta competição.

Assim, o desporto desempenha importante papel na formação do ser humano e na vida em sociedade, sendo instrumento de educação, fonte de saúde, transmissão de valores, dentre outros.

Atualmente, entende-se por entidade de prática desportiva formadora de atletas, aquela que preencher os requisitos do Artigo. 29, Parágrafo 2º da Lei Pelé, *in verbis*:

> Art. 29. A entidade de prática desportiva formadora do atleta terá o direito de assinar com ele, a partir de 16 (dezesseis) anos de idade, o primeiro contrato especial de trabalho desportivo, cujo prazo não poderá ser superior a 5 (cinco) anos.
> § 2º É considerada formadora de atleta a entidade de prática desportiva que:

---

[20] BRASIL. Lei Pelé. Disponível em: http://www.planalto.gov.br/ccivil_03/leis/L9615Compilada.htm. Acesso em: 20 de agosto de 2022.

I — forneça aos atletas programas de treinamento nas categorias de base e complementação educacional; e
II — satisfaça cumulativamente os seguintes requisitos:
a) estar o atleta em formação inscrito por ela na respectiva entidade regional de administração do desporto há, pelo menos, 1 (um) ano;
b) comprovar que, efetivamente, o atleta em formação está inscrito em competições oficiais;
c) garantir assistência educacional, psicológica, médica e odontológica, assim como alimentação, transporte e convivência familiar;
d) manter alojamento e instalações desportivas adequados, sobretudo em matéria de alimentação, higiene, segurança e salubridade;
e) manter corpo de profissionais especializados em formação técnico-desportiva;
f) ajustar o tempo destinado à efetiva atividade de formação do atleta, não superior a 4 (quatro) horas por dia, aos horários do currículo escolar ou de curso profissionalizante, além de propiciar-lhe a matrícula escolar, com exigência de frequência e satisfatório aproveitamento;
g) ser a formação do atleta gratuita e a expensas da entidade de prática desportiva;
h) comprovar que participa anualmente de competições organizadas por entidade de administração do desporto em, pelo menos, 2 (duas) categorias da respectiva modalidade desportiva; e
i) garantir que o período de seleção não coincida com os horários escolares.

Da detida análise dos requisitos, percebe-se que, na maioria dos casos, o investimento das entidades desportivas é direcionado para os jovens de classe baixa, cujos familiares não dispõem de recursos financeiros para proporcionar melhores condições de escolaridade e acompanhamento médico.

Nesse aspecto, os clubes tornam-se uma ferramenta do Estado na promoção e efetivação dos direitos individuais inerentes à dignidade da pessoa humana, sendo suas atividades de interesse público e social.

1.3 Natureza jurídica da justiça desportiva

O debate é antigo a respeito da natureza jurídica da Justiça Desportiva e não há unanimidade sobre a problemática. Alguns pensadores associam o interesse público da matéria; outros entendem ser exclusivamente privada; há quem entenda ser administrativa; existe quem defende a natureza jurídica de arbitragem; por fim, existem doutrinadores que defendem o caráter *sui genereis*[21] da matéria.

Atualmente, a Justiça Desportiva, como anteriormente mencionado, está prevista no Artigo 217, Parágrafo 1º da CF/88, no qual se afirma que qualquer matéria disciplinar ou relativa a competições somente poderá ser apreciada pelo Poder Judiciário após o esgotamento das instâncias da Justiça Desportiva.

> Art. 217. É dever do Estado fomentar práticas desportivas formais e não-formais, como direito de cada um, observados:
> [...] § 1º O Poder Judiciário só admitirá ações relativas à disciplina e às competições esportivas após esgotarem-se as instâncias da justiça desportiva, regulada em lei.

Importante destacar o motivo do constituinte em elevar o status jus-desportivo ao patamar constitucional. A razão deu-se para minimizar as interferências da Justiça Comum Estadual, inicialmente, atuando por liminares, por vezes satisfazendo completamente o pedido, e depois em sua morosidade para concluir o processo, causando danos irreversíveis às competições.

A Lei Pelé, em seus Artigos 49 ao 55, versa sobre a organização e o funcionamento da Justiça Desportiva, tendo aspecto privado espe-

---

[21] O termo de origem latina *sui generis* significa, literalmente, "de seu próprio gênero", ou seja, "único em seu gênero". Usa-se como adjetivo para indicar que algo é único, peculiar, incomum, descomunal, particular, algo que não tem correspondência igual ou mesmo semelhante: uma atividade *sui generis*, uma proposta *sui generis*, um comportamento *sui generis*.

cializado, imbuído de competência material para analisar as demandas relativas à disciplina e à organização das competições esportivas.

Scheyla Althoff Decat, em sua obra "Direito Processual Desportivo[22]", define a Justiça Desportiva como:

> Uma instituição de direito privado dotada de interesse público, tendo como atribuição dirimir as questões de natureza desportiva definidas no Código Brasileiro de Justiça Desportiva, formada por um conjunto de instâncias autônomas e independentes das entidades de administração do desporto.

Em artigo publicado no sítio eletrônico Jusbrasil, Pedro Wambier sintetiza a organização, atribuições e funcionamento da Justiça Desportiva[23]:

> O art. 50 estabelece que ficará a cargo do Código Brasileiro de Justiça Desportiva a sua organização, funcionamento e atribuições, estas que o próprio artigo define como 'limitadas ao processo e julgamento das infrações disciplinares e às competições desportivas'. O art. 52 traz um pouco da estrutura da Justiça Desportiva, composta pelo Superior Tribunal de Justiça Desportiva, pelos Tribunais de Justiça Desportiva e Comissões Disciplinares, devendo estes julgarem sempre de acordo com as normas previstas no CBJD.

Cabe ressaltar que o Artigo 52 da Lei Pelé prevê a independência da Justiça Desportiva: "Os órgãos integrantes da Justiça Desportiva são autônomos e independentes das entidades de administração do desporto de cada sistema". Pelo menos, em regra, sua funcionalidade ocorre sem interferência política dos dirigentes das entidades de administração desportiva, sendo a composição paritária entre as

---

[22] ALTHOFF DECAT, Scheyla. Direito Processual Desportivo. Belo Horizonte: Del Rey, 2014.P. 40.
[23] WAMBIER. Pedro A. A.. O Direito Desportivo e sua respectiva Justiça: uma breve explicação. Disponível em: https://pedrowambier.jusbrasil.com.br/artigos/113653255/o-direito-desportivo-e-sua-respectiva-justica-uma-breve-explicacao. Acessado em 20 de agosto de 2022.

classes interessadas na modalidade e representadas mediante a formação de seus componentes e período de mandato determinados pelo Artigo 55 da Lei Pelé.

Diante das anotações iniciais, segue entendimento esposado pelo Superior Tribunal de Justiça (STJ), em um dos primeiros julgados sob o crivo da constituinte de 1988[24]:

> CONFLITO DE ATRIBUIÇÕES — TRIBUNAL DE JUSTIÇA DESPORTIVA — NATUREZA JURÍDICA — INOCORRÊNCIA DE CONFLITO. 1. Tribunal de JUSTIÇA DESPORTIVA não se constitui em autoridade administrativa e muito menos judiciária, não se enquadrando a hipótese em estudo no art. 105, I, g, da CF/88. 2. Conflito não conhecido. (STJ — Conflito de Atribuição 53/SP — Segunda Seção — Relator Min. Waldemar Zveiter — Data da Publicação: 27.05.1998)

Da detida análise do acórdão, extrai-se que a Justiça Desportiva não está sujeita às regras do Direito Administrativo, bem como não é reconhecida como órgão jurisdicional integrante do Poder Judiciário, já que a CF/88 prevê um rol taxativo em seu Artigo 92.

Nessa toada, Paulo Marcos Schmitt, ao debruçar sobre o tema, afirma[25]:

> "A justiça desportiva não pertence ao Poder Judiciário, nem tampouco recebe o mesmo tratamento da arbitragem contratual. [...] Apesar da referência doutrinária, por vezes, mencionar que a Justiça Desportiva constituiria uma instância administrativa, é certo que o faz exclusivamente para diferenciá-la da instância jurisdicional. Em verdade, a justiça despor-

---

[24] BRASIL. SUPERIOR TRIBUNAL DE JUSTIÇA Classe: CA — CONFLITO DE ATRIBUIÇÃO — 53 Processo: 996.00.57234-8 UF: SP Orgão Julgador: SEGUNDA SEÇÃO Data da Decisão: 27/05/1998. Documento: STJ000220441. Fonte DJ DATA:03/08/1998 PÁGINA:66 Relator WALDEMAR ZVEITER Decisão Por unanimidade, não conhecer do conflito.

[25] SCHMITT, Paulo Marcos. Curso de Justiça Desportiva. São Paulo. Quartier Latin do Brasil. 2007.

tiva exerce sua atividade em âmbito estritamente privado, sem qualquer influência de Direito Administrativo."

Assim sendo, o Direito Desportivo corresponde a uma disciplina normativa única, distinta por um regime jurídico desportivo constitucional e organizada por legislações infraconstitucionais nacionais e normas estrangeiras.

Segundo Lyra Filho[26], as normas e regras desportivas não são gerais, mas inerentes ao desporto. É impossível um magistrado aplicar justiça, em função de matéria desportiva, fora do mundo do desporto, sem os princípios desportivos, sem o sentimento da razão desportiva. Ao decidir matéria de competência da Justiça Desportiva, imbuído do pensamento formalizado nas leis gerais, terá desconfigurado o espírito de justiça.

Assim sendo, em vez de atribuir uma natureza sui generis em razão das particularidades do esporte, entende-se que a Justiça Desportiva possui natureza jurídica desportiva, dispor de características únicas que envolvem a resolução de conflitos dentro dos princípios inerentes ao esporte e sua *Lex Sportiva*, visto que o esporte, apesar de fazer parte da indústria do entretenimento, possui uma peculiaridade: a paixão de seus torcedores.

Diversamente de uma franquia de chocolates, os clubes, por maior profissionalismo que possuam, têm torcedores apaixonados que colocam o amor à frente do *business*.

Portanto, há a necessidade de um maior profissionalismo e aplicabilidade de princípios oriundos do esporte, tais como o jogo limpo e o alcance social que o esporte apresenta, com seu papel integrativo, em relação a uma sociedade tão desigual.

Dessa forma, não podemos esquecer que a Justiça Desportiva possui papel imprescindível para a proteção dos direitos fundamentais.

Nesse sentido, Ricardo Sayeg[27] manifesta-se sobre o tema:

---

[26] LYRA FILHO, João. Introdução ao Direito Desportivo. Rio de Janeiro. Irmãos Pongetti, 1952, p. 97.
[27] SAYEG. Ricardo. O capitalismo humanista. Rio de Janeiro: KBR Editora Digital Ltda, 2011, p. 204.

As decisões judiciais que contrariam os direitos humanos são o vácuo jurisdicional. equivalente ao algo jurisdicional que, apesar de formalmente existente, corresponde materialmente ao nada jurídico absoluto.

O caráter humanista do esporte, com suas inúmeras formas de integração independentemente de rivalidades, possui papel importante como alicerce da relevância esportiva para sociedade.

A importância do esporte para a sociedade e suas particularidades, não apenas no Brasil, mas em todo o mundo, solidificam a natureza desportiva de sua justiça, que deve ser rápida, eficiente, justa e servir como instrumento de paz desportiva dentro dos princípios esportivos como o *pro competitione*, tipicidade esportiva e o fair play; além de ser independente, em algumas hipóteses, nas questões de soberania nacional em virtude de sua autonomia e transnacionalidade. As normas da *Lex Sportiva* ignoram fronteiras e são autorreguláveis por entidades privadas, conforme entendimento da Corte Arbitral do Esporte: "As leis nacionais e os regulamentos internos não são a lei aplicável no caso de um litígio com um elemento internacional. Esses litígios são exclusivamente regidos pelos termos do RSTP da FIFA e suas definições. [...] No caso de uma transferência entre clubes pertencentes a diferentes associações como o caso em questão, no caso de inconsistência entre uma disposição da CBF e uma disposição da FIFA, a disposição da FIFA prevalecerá."[28]

Assim sendo, defende-se que a Justiça Desportiva possui natureza desportiva, fato que não ocorre em outros ramos, tal como na justiça ambiental ou previdenciária, a título exemplificativo.

1.3.1 Fontes do Direito Desportivo

Inicialmente, é necessário tecer comentários sobre o conceito das fontes do Direito. A palavra fonte é polissêmica, ou seja, uma escrita

---

[28] CAS 2009/A/1781 FK Siad Most v. Clube Esportivo Bento Gonçalves, sentença de 12 de outubro de 2009, n. 38.

que possui diversos significados. Para a ciência jurídica, é preciso saber o ponto de partida do direito.

Del Vecchio[29], em sua obra de Filosofia do Direito, afirma:

> Fonte de direito *in genere* é a natureza humana, ou seja, o espírito que reluz na consciência individual, tornando-se capaz de compreender a personalidade alheia, graças à própria. Desta fonte se deduzem os princípios imutáveis da justiça e do Direito Natural.

O Artigo 4º da Lei de Introdução às normas do Direito Brasileiro[30] determina que: "Quando a lei for omissa, o juiz decidirá o caso de acordo com a analogia, os costumes e os princípios gerais de direito".

As fontes do Direito Desportivo, sejam elas materiais ou formais, provêm não só dos poderes legislativos, mas também das normas administrativas, jurisprudências, princípios do desporto, costumes e analogias.

Quanto às origens materiais, estas correspondem aos fatos sociais e ao valor que a lei a eles atribui. Os fatos são facilmente identificáveis pelos poderes que possuem sobre a formulação jurídica de um assunto, que mais tarde são chamados de normas. No Direito Desportivo, um exemplo de fonte material é a CF/88, que confere poderes à União, aos Estados e ao Distrito Federal, em seu Artigo 24[31], competência concorrente para legislar sobre desporto.

De outro lado, as fontes formais são aquelas pelas quais o direito se manifesta, ou seja, tem o condão de expressarem-se enquanto regra jurídica. As fontes formais subdividem-se em fontes imediatas e mediatas. As fontes formais imediatas são as leis. Exemplo disso é a Lei Pelé, norma geral do desporto e principal fonte infraconstitucional do Direito Desportivo. A Lei 12.299, de 27 de julho de 2010,

---

[29] DEL VECCHIO, George. Lições de filosofia do direito. Coimbra: Arménio Amado. 1972, p. 140.
[30] Disponível em: http://www.planalto.gov.br/ccivil_03/decreto-lei/del4657.htm#:~:text=n%C3%A3o%20a%20conhece.Art.,os%20princ%C3%ADpios%20gerais%20de%20 direito. Acesso em: 04 de setembro de 2022.
[31] Art. 24. Compete à União, aos Estados e ao Distrito Federal legislar concorrentemente sobre:
IX — educação, cultura, ensino e desporto.

conhecida como Estatuto do Torcedor, representa outra fonte formal imediata e infraconstitucional. Também a CF/88 em seu Artigo 217, constitui-se de fonte formal imediata.

E, no que tange as fontes formais mediatas, encontramos os regulamentos internacionais, os costumes que envolvem a prática das modalidades esportivas ao longo dos anos, os princípios gerais do direito, bem como do esporte e a jurisprudência. A doutrina ampara os estudiosos como um suporte adicional de pesquisa.

1.3.2 Autonomia do Direito Desportivo

A ascensão do Direito Desportivo ao patamar constitucional faz parte de um marco histórico de suma importância para atuação do Estado nessa seara. Ao mesmo tempo, em que o texto constitucional garante o dever de o Estado fomentar as práticas do desporto educacional até o desporto de rendimento, o legislador constituinte restringe a atuação do próprio Estado, de maneira que não haja interferências na atuação das entidades de administração do desporto e das de práticas desportivas.

Em que pese o Direito Desportivo ser um ramo relativamente novo das Ciências Jurídicas, tal qual às demais áreas jurídicas, ele tende a acompanhar as alterações das práticas esportivas, das áreas sociais e econômicas, bem como os anseios da sociedade.

João Lyra Filho[32] ensina que, em sentido restrito, a ciência jurídica desportiva é a união das legislações interna, constitucional e infraconstitucional, do estatuto e regulamento das pessoas jurídicas de direito privado e, por fim, do regulamento administrativo técnico internacional:

> O direito desportivo existe, eis o fato, escreveu Jean Loup, concluindo: "pode ser interpretado à vontade, mas é indiscutível sua existência". O direito desportivo é contido nos estatutos e regulamentos da instituição e, como no Brasil, é reconhecido pelo Estado.

---

[32] LYRA FILHO, João. Introdução ao Direito Desportivo. Rio de Janeiro. Irmãos Pongetti, 1952, p. 102.

Álvaro de Melo Filho[33] entende que, "para confirmação de um ramo autônomo do direito, são fundamentais a existência e integração de três componentes, a) autonomia legislativa; b) autonomia científica e c) autonomia didática".

Martinho Neves Miranda[34] acrescenta que o ordenamento jurídico desportivo se denomina uno, isto porque sua composição deriva do ordenamento privado estabelecido pelas entidades internacionais que organizam a prática desportiva. Essas entidades elaboram normas e códigos que regulam a atividade desportiva mundial de forma associada e obrigatória, incluindo normas administrativas e até tribunais de composição para regular seus próprios conflitos.

Nessa análise, faz-se necessária uma interpretação extensiva da norma constitucional, uma vez que a *Lex Sportiva* bebe de várias fontes do Direito que, da mesma forma, constata que os significados público e privado diferem entre as dimensões sociais e de alto rendimento, devendo conviver de forma simultânea sem sobreposição.

Por fim, é salutar a autonomia conferida ao Direito Desportivo, pois a própria norma constitucional impõe uma mitigação a um dos principais direitos e garantias fundamentais aprendidos nos bancos das universidades: o livre acesso ao Judiciário, exercido pelo direito de ação, previsto no Artigo 5º da CF/88, com o seguinte inciso normativo: "XXXV — a lei não excluirá da apreciação do Poder Judiciário lesão ou ameaça a direito".

Chamo a atenção para o parágrafo anterior, uma vez que não é nenhuma legislação infraconstitucional que mitiga a apreciação do Judiciário no mérito desportivo. A própria Constituição assim o fez, potencializando seu caráter autônomo.

Assinale-se que, ultrapassada a mitigação imposta pelo exaurimento da Justiça Desportiva, o Poder Judiciário analisará, tão somente, as formalidades processuais que insurgem do devido processo legal, restando impossibilitado de rediscutir o mérito jus-desportivo, conforme previsão legal do Parágrafo 2º, do Artigo 52 da Lei Pelé.

---

[33] MELO FILHO, Álvaro. Direito Desportivo Atual. Rio de Janeiro: Forense, 1986, p.20.
[34] MIRANDA, Marinho Neves. Direito no Desporto. Rio de Janeiro: Lumen Juris, 2007, p. 62.

1.4 Organização e funcionamento da justiça desportiva

O Brasil adota o sistema piramidal europeu, na qual a entidade de administração desportiva internacional é composta pela associação continental de administração desportiva e são ligadas às entidades nacionais desportiva de cada modalidade.

A Justiça Desportiva tem sua competência delimitada na disciplina e nas competições desportivas. A Lei Pelé aborda essa delimitação de funções, relacionando a competência da Justiça Desportiva às infrações disciplinares e às competições desportivas, previstas nos Códigos Desportivos.

Cabe à Justiça Desportiva, assim, aplicar as sanções disciplinares previstas no Artigo 50, Parágrafo 1º, Incisos I a XI da Lei Pelé, autorizar a aplicação das sanções previstas no Artigo 48, IV e V do mesmo diploma legal, assim como decidir sobre a interpretação de normas fundamentadoras da organização das competições desportivas, tais como impugnações de partidas e provas, mandados de garantia e interpretação de regulamentos. Em síntese, pode haver uma Justiça Desportiva para cada entidade máxima desportiva, como previsto no Artigo 50 da Lei Pelé[35], "facultando-se às ligas constituir seus próprios órgãos judicantes desportivos, com atuação restrita às suas competições".

Essas organizações da Justiça Desportiva são vinculadas às suas correspondentes confederações desportivas, as quais têm o encargo de custear as despesas decorrentes do funcionamento daquelas organizações, por força do disposto no Artigo 50, Parágrafo 4º da Lei Pelé[36], estabelecendo que "compete às entidades de administração do desporto promover o custeio do funcionamento dos órgãos da Justiça Desportiva que funcionem junto a si".

---

[35] Art. 50. A organização, o funcionamento e as atribuições da Justiça Desportiva, limitadas ao processo e julgamento das infrações disciplinares e às competições desportivas, serão definidos nos Códigos de Justiça Desportiva, facultando-se às ligas constituir seus próprios órgãos judicantes desportivos, com atuação restrita às suas competições.

[36] § 4o Compete às entidades de administração do desporto promover o custeio do funcionamento dos órgãos da Justiça Desportiva que funcionem junto a si.

INTRODUÇÃO

Embora os órgãos da Justiça Desportiva sejam custeados pelas ligas desportivas, devem eles agir com autonomia e independência em relação a essas entidades de administração do desporto em cada sistema desportivo, como previsto no Artigo 52, primeira parte, da Lei Pelé[37].

Assim, no topo da organização, está o Superior Tribunal de Justiça Desportiva (STJD) funcionando junto às entidades nacionais de administração do desporto para julgamento que envolva competições interestaduais ou nacionais. Abaixo desse órgão, estão os Tribunais de Justiça Desportiva (TJD) funcionando junto às entidades regionais da administração do desporto.

Cada entidade de administração desportiva deve organizar a formatação de seu tribunal desportivo, atendendo ao regramento do CBJD e conforme sua necessidade.

Portanto, o futebol, que apresenta um número muito mais elevado de julgados, provavelmente, possui uma estrutura maior que esportes com menor apelo. A título exemplificativo, podemos citar o tiro desportivo.

Essas entidades nomeiam os auditores que irão compor as comissões julgadoras e, atendendo aos requisitos legais, serão nomeados os membros do tribunal pleno e o procurador-geral, que nomeará os demais procuradores assistentes que atuarão no interesse da manutenção da observância das regras da modalidade.

Para ser membro de órgão da Justiça Desportiva, a pessoa não precisa ser bacharel em Direito ou de notório saber jurídico, a não ser que seja ele indicado pela Ordem dos Advogados do Brasil (OAB). Deverá, contudo, ter conduta ilibada, independentemente de qual seja o segmento que ele represente.

---

[37] Art. 52. Os órgãos integrantes da Justiça Desportiva são autônomos e independentes das entidades de administração do desporto de cada sistema, compondo-se do Superior Tribunal de Justiça Desportiva, funcionando junto às entidades nacionais de administração do desporto; dos Tribunais de Justiça Desportiva, funcionando junto às entidades regionais da administração do desporto, e das Comissões Disciplinares, com competência para processar e julgar as questões previstas nos Códigos de Justiça Desportiva, sempre assegurados a ampla defesa e o contraditório.

O mandato de membro do Tribunal de Justiça Desportiva tem duração máxima de quatro anos, permitida apenas uma recondução.

FIGURA 1 — Fluxograma atual da Justiça Desportiva[38] | Acesso em: 10 de setembro de 2022

É vedado aos dirigentes desportivos das entidades de administração e das entidades de prática, o exercício de cargo ou função na Justiça Desportiva, exceção feita aos membros dos conselhos deliberativos das entidades de prática desportiva.

---

[38] Disponível em: https://cpcnovo.com.br/blog/composicao-da-justica-desportiva/

1.4.1 Justiça Antidopagem e seu marco histórico

A Agência Mundial Antidopagem (*World Anti-Doping Agency*, WADA) é uma organização independente e liderada pelo Comitê Olímpico Internacional (COI), fundada em 10 de novembro de 1999, em Lausanne, na Suíça, após o grande escândalo no *Tour de France*, tendo como objetivo frear atos nos Jogos Olímpicos de Verão 2000 (Sydney 2000), que se realizariam no ano seguinte em Sydney, na Austrália.

Atualmente, o doping é definido pelo Código Mundial Antidopagem da WADA[39], que, em seu Artigo 1º, traz a seguinte definição: "a dopagem é definida como a verificação de uma ou mais violações das normas antidopagem enunciadas nos itens 2.1 a 2.10 do presente Código".

Em 2005, a UNESCO editou uma Convenção Internacional contra o doping no esporte, da qual foi gerado um tratado internacional, em que o Brasil é signatário, resultando na criação de várias Agências Nacionais Antidoping pelo mundo.

No Brasil, a Autoridade Brasileira de Controle de Dopagem (ABCD), instituiu o Código Brasileiro Antidopagem (CBA) pela Portaria nº 1, de 16 de março de 2016[40], e o qual traz uma definição semelhante ao Código Mundial da WADA e à Convenção Internacional da UNESCO, prescrevendo o seguinte: "Art. 6º — Dopagem é definida como a ocorrência de uma ou mais Violações das Regras Antidopagem, como estão estabelecidas neste Código, da Seção II, art. 9º a 18".

A Justiça Desportiva Antidopagem (JAD), que incorpora a Justiça Desportiva, foi criada para cumprir as regras internacionais impostas pela *World Anti-Doping Agency* (WADA), pois o país necessitava da criação de um novo tribunal "independente" para julgar os casos de doping, com prazo até o dia 18 de março de 2016, sob pena de ser descredenciado e não poder realizar os testes antidopagem durante

---

[39] Disponível em: https://www.wadaama.org/sites/default/files/resources/files/codigo_mundial_antidopagem_2015.pdf. Acessado em 24 de agosto de 2022.
[40] https://www.gov.br/abcd/pt-br/composicao/regras-antidopagem-legislacao/codigos/copy_of_codigos/cbad_2021_v6.pdf/#:~:text=1%C2%BA%20O%20C%C3%B3digo%20Brasileiro%20Antidopagem,em%20todo%20o%20territ%C3%B3rio%20brasileiro. Acesso em: 24 de agosto de 2022.

as Olimpíadas do Rio de Janeiro. A JAD originou-se por força da Medida Provisória nº 718/2016, com posterior conversão na Lei nº 13.322, de 28 de julho de 2016, que alterou a Lei Pelé, introduzindo-a pelo acréscimo do Artigo 55-A e seguintes[41], *in verbis*:

> Art. 55-A. Fica criada a Justiça Desportiva Antidopagem — JAD, composta por um Tribunal e por uma Procuradoria, dotados de autonomia e independência, e com competência para:
> I — julgar violações a regras antidopagem e aplicar as infrações a elas conexas; e
> II — homologar decisões proferidas por organismos internacionais, decorrentes ou relacionadas a violações às regras antidopagem.
> § 1o A JAD funcionará junto ao CNE e será composta de forma paritária por representantes de entidades de administração do desporto, de entidades sindicais dos atletas e do Poder Executivo.
> § 2o A escolha dos membros da JAD buscará assegurar a paridade entre homens e mulheres na sua composição.
> § 3o Os membros da JAD serão auxiliados em suas decisões por equipe de peritos técnicos das áreas relacionadas ao controle de dopagem.
> § 4o A competência da JAD abrangerá as modalidades e as competições desportivas de âmbito profissional e não profissional.
> § 5o Incumbe ao CNE regulamentar a atuação da JAD.
> § 6o O mandato dos membros da JAD terá duração de três anos, permitida uma recondução por igual período.
> § 7o Não poderão compor a JAD membros que estejam no exercício de mandato em outros órgãos da Justiça Desportiva de que trata o art. 50, independentemente da modalidade.
> § 8o É vedado aos membros da JAD atuar perante esta pelo período de um ano após o término dos respectivos mandatos.
> § 9o As atividades da JAD serão custeadas pelo Ministério do Esporte.

---

[41] Disponível em: http://www.planalto.gov.br/ccivil_03/leis/L9615Compilada.htm. Acesso em: 24 de agosto de 2022.

§ 10. Poderá ser estabelecida a cobrança de custas e emolumentos para a realização de atos processuais.

§ 11. As custas e os emolumentos de que trata o § 10 deverão ser fixadas entre R$ 100,00 (cem reais) e R$ 100.000,00 (cem mil reais), conforme a complexidade da causa, na forma da tabela aprovada pelo CNE para este fim.

§ 12. O Código Brasileiro Antidopagem — CBA e os regimentos internos do Tribunal e
da Procuradoria disporão sobre a organização, o funcionamento e as atribuições da JAD.

§ 13. O disposto no § 30 do art. 55 aplica-se aos membros da JAD.

Art. 55-B. Até a entrada em funcionamento da JAD, o processo e o julgamento de infrações relativas à dopagem no esporte permanecerão sob a responsabilidade da Justiça Desportiva de que tratam os arts. 49 a 55.

Parágrafo único. Os processos instaurados e em trâmite na Justiça Desportiva à época da instalação da JAD permanecerão sob responsabilidade daquela até o seu trânsito em julgado, competindo-lhe a execução dos respectivos julgados.

Art. 55-C. Compete à JAD decidir sobre a existência de matéria atinente ao controle de dopagem que atraia sua competência para o processo e o julgamento da demanda.

Parágrafo único. Não caberá recurso da decisão proferida na forma do caput.

1.4.2 Natureza jurídica da justiça antidopagem

A CF/88 regulamentou a forma de incorporação dos tratados internacionais no plano interno do Estado mediante o preenchimento do seguinte percurso: negociação pela República Federativa do Brasil, representado pelo Presidente da República, que possui competência privativa para celebrar tratados, convenções e atos em plano internacional; assinatura do instrumento; mensagem do Poder Executivo ao Congresso Nacional; aprovação parlamentar; ratificação do instrumento; e, por fim, promulgação do texto legal.

A Jurista Flávia Piovesan[42] traduz, em sua obra, as lições de um dos mais influentes do direito internacional e da política externa:

> Na definição de Loius Henkin: "O termo 'tratado' é geralmente usado para se referir aos acordos obrigatórios celebrados entre sujeitos de Direito Internacional, que são regulados pelo Direito Internacional". Além do termo 'tratado', diversas outras denominações são usadas para se referir aos acordos internacionais. As mais comuns são Convenção, Pacto, Protocolo, Carta, Convênio, como também Tratado ou Acordo Internacional. Alguns termos são usados para denotar solenidade (por exemplo, Pacto ou Carta) ou a natureza suplementar do acordo (Protocolo). Não necessariamente os tratados internacionais consagram novas regras de Direito Internacional. Por vezes, acabam por codificar regras preexistentes, consolidadas pelo costume internacional, ou, ainda, optam por modificá-las. A necessidade de disciplinar e regular o processo de formação dos tratados internacionais resultou na elaboração da Convenção de Viena, concluída em 1969, que teve por finalidade servir como a lei dos tratados.

Destarte, a forma da autorização parlamentar é o decreto legislativo do Congresso Nacional, pelo que, sendo o tratado assinado pelo Presidente da República e aprovado pelo Congresso Nacional, seguindo para ratificação do Chefe do Executivo.

Em seguida, o decreto é promulgado e publicado, já tendo incorporado os tratados internacionais ao Direito Interno, colocando-os na mesma hierarquia das leis ordinárias, excepcionando-se os tratados e convenções internacionais aprovados na forma do Artigo 5º, Parágrafo 3º da CF/88, e, posteriormente, pela Emenda Constitucional nº 45/2004[43], por se tratar de matéria de direitos humanos, devendo ser aprovados em cada Casa do Congresso Nacional em

---

[42] PIOVESAN, Flávia. Direitos humanos e o Direito Constitucional Internacional. 10º ed. — revista e atualizada. Editora Saraiva, 2009, p. 44.
[43] BRASIL. Constituição Federal de 1988. Disponível em: http://www.planalto.gov. br/ccivil_03/constituicao/constituicaocompilado.htm. Acesso em: 25 de agosto de 2022.

dois turnos, por três quintos dos votos dos respectivos membros, os quais serão equiparados às emendas constitucionais.

Esclarecido o plano de validade, será analisada a natureza jurídica da Convenção Internacional contra a Dopagem no Desporto.

A Conferência Geral da Organização das Nações Unidas para a Educação, a Ciência e a Cultura (UNESCO) teve como sede da sua trigésima terceira sessão a cidade de Paris, nos dias de 03 a 21 de outubro de 2005, para discutir o uso da dopagem por praticantes desportivos e suas consequências para o jogo limpo, saúde dos desportistas e supressão de fraudes.

A referida Convenção teve seu texto aprovado pelo Decreto Legislativo nº 306, de 26 de outubro de 2007[44], e sua promulgação, em 18 de novembro de 2008, pelo Decreto Presidencial nº 6.653[45], conferindo validade e eficácia no ordenamento jurídico interno com natureza e status de lei ordinária infraconstitucional.

1.4.3 Críticas à justiça desportiva antidopagem

A Justiça Desportiva Antidopagem prevista no Artigo 55-A, incluído pela Lei nº 13.322/2016, conforme visto anteriormente, concede autonomia e independência ao seu Tribunal e Procuradoria; contudo, o mesmo códex prevê sua funcionalidade e regulamentação pelo Conselho Nacional do Esporte (CNE), é órgão integrante do Ministério dos Esportes.

Faz-se necessário trazer à baila os ensinamentos deixados pelo mestre João Lyra Filho[46], nos quais a autossuficiência e a necessidade de diferenciação criaram um subsistema próprio do esporte

---

[44] Disponível em: https://www2.camara.leg.br/legin/fed/decleg/2007/decretolegislativo-306-26-ou tubro-2007-561772-republicacao-102512-pl.html. Acesso em: 25 de agosto de 2022.

[45] Disponível em: https://www2.camara.leg.br/legin/fed/decret/2008/decreto--6653-18-novembro- 2008-584044-publicacaooriginal-106816-pe.html. Acesso em: 25 de agosto de 2022.

[46] FILHO, João Lyra. Introdução ao Direito Desportivo. Rio de Janeiro. Irmãos Pongetti, 1952, p. 96.

denominado Lex Sportiva, desvinculado do sistema jurídico-governamental estatal.

A autonomia desportiva rompe com o regime de tutela estatal anteriormente vigente, vista como a última *ratio* sua ingerência, devendo ser formada pelas entidades de administração desportivas, passando desde as indicações para os cargos, como também pelo financiamento das suas atividades.

A Justiça Antidopagem apesar de compor o sistema de Justiça Desportiva possui intervenção estatal, uma vez que: a uma, é fomentada e controlada pelo Ministério do Esporte, órgão do Poder Público; a duas, pela indicação de seus membros, o que configura o interesse do Estado no seu controle.

Insta ressaltar que o Projeto de Lei 1.153/2019 em trâmite na Câmara dos Deputados, que prevê a criação da nova Lei Geral do Esporte, transfere a competência para julgar violações às regras antidopagem e aplicar suas punições para a responsabilidade dos Comitês Olímpicos e Paraolímpicos Brasileiros, os quais serão financiados pelo Fundesporte.

2. DIREITO COMPARADO

Inicialmente, é necessário trazer o modelo de Justiça Desportiva nos Estados soberanos, o qual afeta toda a discussão acerca dos órgãos desportivos sobre sua independência administrativa e financeira.

A razão deste breve parênteses é consubstanciada no fato de o desporto não ser patrimônio exclusivo de uma nação única, e sim universal, apresentando características e princípios próprios, os quais resultam em um ecossistema próprio de feição transnacional, inspirando povos e sociedades ao longo de décadas.

Essa influência do esporte na sociedade mundial é bem retratada por Melo Filho[47] em sua obra:

> [...] a) a ONU reúne 176 nações, enquanto a FIFA congrega 200 países; b) as roupas desportivas (trainings, tênis, e etc.) estão incorporados ao modus vivendi da sociedade atual, daí proclamar-se o desporto como um "meio de civilização"; c) o espaço ocupado pelo desporto na imprensa escrita, falada e televisada é abundante em qualidade e quantidade, por ser uma temática de primeira magnitude; d) a copa do mundo da França é assistida por 41 bilhões de telespectadores e o futebol gera empregos diretos e indiretos para 450 milhões de pessoas com um movimento financeiro anual de 250 bilhões de dólares; e) a progressiva mercantilização do desporto fá-lo corresponder, presentemente, a 2,8% do comércio mundial [...] Os significativos dados estatísticos e financeiros do fenômeno desportivo jungidos às variadas e múltiplas espécies de

---

[47] MELO FILHO, Álvaro. Lei Pelé Comentários à Lei nº 9.615/98. Brasília, Brasília Jurídica, 1998, p.142.

prática desportiva atestam que o desporto é parte integrante e indissociada dos hábitos cotidianos dos cidadãos e revelam o verdadeiro sentido e alcance da lapidar assertiva de que "o desporto é um idioma universal, apesar de não ser nenhuma língua". Nessa perspectiva, o desporto avulta como uma poderosa linguagem universal de comunicação para favorecer a paz internacional e para estreitar a compreensão mútua entre povos de diferentes culturas [...].

Importante frisar a diferença entre o Direito Desportivo Internacional e o Comparado. No primeiro, existem normas internacionais com caráter transitório ou definitivo, que conduzem a atuação desportiva entre os países que participam de uma competição ou organização internacional. Já o segundo representa normas internas de Estados soberanos diferentes que serão estudados de forma comparada, estudo justificado na existência de países com culturas diferentes e particularidades próprias, em busca da uniformidade legislativa desportiva.

2.1 Justiça desportiva na Espanha

Um dos aspectos mais importantes ao analisar uma matéria é verificar sua posição hermenêutica de direito fundamental na Carta Magna daquele Estado soberano, cabendo ao legislador infraconstitucional dar a máxima efetividade ao direito constitucional garantido.

A Constituição Espanhola de 1978[48] versa, vagamente, sobre o tema, garantindo apenas que os poderes públicos promovam a educação sanitária, a educação física e o esporte, bem como facilitem o uso adequado do lazer, demonstrando claramente o viés intervencionista estatal no esporte.

---

[48] *Los poderes públicos fomentarán la educación sanitaria, la educación física y el deporte. Asimismo facilitarán la adecuada utilización del ocio.* Disponível em: <http://www. boe.es/aeboe/consultas/enlaces/documentos/ConstitucionCASTELLANO.pdf>. Acessado em: 01 de setembro de 2022.

Na esfera infraconstitucional espanhola, a lei geral do esporte, Ley del Deporte nº 10/1990, conceitua o desporto como elemento essencial na qualidade de vida, na integração das minorias na sociedade e exerce um papel importante na economia, por permitir o financiamento privado das associações esportivas.

O Conselho Superior de Desportos[49] é o órgão responsável pela supervisão e controle da prática esportiva de alto nível, estando subordinado ao Ministério de Educação e Ciência do Estado Espanhol.

Dessa forma, compreende-se um sistema de cooperação entre os setores público e privado na responsabilidade da promoção e desenvolvimento do desporto, definindo, portanto, a área de atuação de cada um, o que deixa claro o exercício do controle regulatório do desporto, mitigando a autonomia das instituições desportivas.

Na seara judicante desportiva espanhola, o órgão julgador é o Tribunal Administrativo do Desporto, Tribunal Administrativo del Deporte, com competência para julgar as causas relativas à disciplina das competições e às eleições das entidades desportivas.

Esse tribunal é composto por comissões disciplinares que têm o poder de disciplinar e aplicar a norma de conduta da modalidade específica, podendo ser composta de juízes singulares ou por comitês colegiados, conforme previsão do regimento interno de cada federação, o que permite que cada federação tenha seu código disciplinar.

No futebol profissional espanhol existem dois órgãos: o comitê de competição e o de apelações, compostos por formados em Direito para período mínimo de uma temporada e não devem ter nenhuma incompatibilidade.

---

[49] *Artículo 51. El Consejo Superior de Deportes ejerce la tutela y el control del deporte de alto nivel, acordando con las Federaciones deportivas españolas y, en su caso, con las Comunidades Autónomas, los programas y planes de preparación que serán ejecutados por aquéllas.* Disponível em: <https://www.boe.es/buscar/pdf/1990/BOE-A-1990-25037-consolidado.pdf>. Acessado em: 01 de setembro de 2022.

2.2 Justiça desportiva na Itália

O Direito Desportivo na Itália, diferentemente do Brasil e da Espanha, não tem natureza jurídica constitucional, entretanto o esporte como um todo persegue interesses sociais tutelados pelo Estado, tais como: saúde, liberdade de associação e o desenvolvimento da pessoa humana.

Cabe citar a Lei nº 426[50], de 16 de fevereiro de 1942, que instituiu o Comitê Olímpico Nacional Italiano (*Comitato Olimpico Nazionale Italiano* — CONI) e posteriormente foi alterada pela Lei nº 280, de 17 de outubro de 2003, a qual concedeu autonomia às instituições desportivas; a Lei nº 91, de 23 de março de 1981, por ter estabelecido as características do esporte amador para o profissional; e a Lei nº 586 de 18 de novembro de 1996, a qual liberou o mercado de negociações no país. Esses são os principais marcos legislativos no desporto italiano.

A legislação acima mencionada do ano de 2003 introduziu a vinculação dos clubes, associações e filiados aos estatutos e regulamentos do Comitê Nacional e das federações esportivas aos órgãos da justiça desportiva nacional, sem prejuízo da presença de cláusulas de arbitragem, senão vejamos[51]:

> *Art. 3 Norme sulla giurisdizione e disciplina transitória*
> *1. Esauriti i gradi della giustizia sportiva e ferma restando la giurisdizione del giudice ordinario sui rapporti patrimoniali tra societa', associazioni e atleti, ogni altra controversia avente ad oggetto atti del Comitato olimpico nazionale italiano o dele Federazioni sportive non riservata agli organi di giustizia dell'ordinamento sportivo ai sensi dell'articolo 2, e' disciplinata dal codice del processo amministrativo. In ogni caso e' fatto salvo quanto eventualmente stabilito dalle clau-*

---

[50] OLIVEIRA, Leonardo Andreotti Paulo de.; LANFREDI, Luis Geraldo Sant´Anna. (Coord.) JUSTIÇA DESPORTIVA — Perspectivas do Sistema Disciplinar Nacional, Internacional e no Direito Comparado. 1. ed. São Paulo: Quartier Latin, 2018., p. 264.

[51] Disponível em: <https://www.normattiva.it/uri-res/N2Ls?urn:nir:stato:decreto.legge:2003;220> Acessado em: 02 de setembro de 2022.

sole compromissorie previste dagli statuti e dai regolamenti del Comitato olimpico nazionale italiano e delle Federazioni sportive di cui all'articolo 2, comma 2, nonche' quelle inserite nei contratti di cui all'articolo 4 della legge 23 marzo 1981, n. 91.

Ressalte-se que no ordenamento jurídico italiano existe a figura do Procurador Geral do Esporte que possui poderes de fiscalização e controle do esporte sobre a atuação do Ministério Público Federal, diferindo da nossa legislação vigente.

Outrossim, a nossa jurisdição assemelha-se ao regime italiano no tocante à existência do Código de Justiça Desportiva para todas as modalidades, facilitando a tarefa dos operadores do direito neste ponto.

2.3 Justiça desportiva em Portugal

O marco legal no desporto português é encontrado na legislação infraconstitucional, na Lei nº 01/1990, de 13 de janeiro de 1990, denominada Lei de Bases do Sistema Desportivo (LBSD), que atribuiu aspecto de utilidade pública ao esporte. A posteriori, a LBSD foi revogada pela Lei nº 30/2004, de 21 de julho de 2004, que manteve o múnus público das federações. Enfim, em 16 de janeiro de 2007, foi aprovada a Lei de Bases da Atividade Física e do Desporto (LBAFD), a Legislação nº 5/2007[52], vigente atualmente.

O Estado desempenha o controle sobre as regras que fundamentam o Direito Desportivo, mais perceptível no desporto profissional, nada obstante não retira as garantias próprias das associações, clubes e federações, previsão expressa no Artigo 19 da legislação retromencionada:

> 1 — O estatuto de utilidade pública desportiva confere a uma federação desportiva a competência para o exercício, em exclu-

---

[52] Disponível em: https://dre.pt/dre/legislacao-consolidada/. Acessado em: 02 de setembro de 2022.

sivo, por modalidade ou conjunto de modalidades, de poderes regulamentares, disciplinares e outros de natureza pública, bem como a titularidade dos direitos e poderes especialmente previstos na lei.

2 — Têm natureza pública os poderes das federações desportivas exercidos no âmbito da regulamentação e disciplina da respectiva modalidade que, para tanto, lhe sejam conferidos por lei.

3 — A federação desportiva à qual é conferido o estatuto mencionado no n.º 1 fica obrigada, nomeadamente, a cumprir os objectivos de desenvolvimento e generalização da prática desportiva, a garantir a representatividade e o funcionamento democrático internos, em especial através da limitação de mandatos, bem como a transparência e regularidade da sua gestão, nos termos da lei.

Os litígios relativos às questões desportivas tinham previsão no Artigo 18 da LBAFD, o qual fora revogado pela Lei nº 74, de 6 de setembro de 2013, criando o Tribunal Arbitral do Desporto (TAD) para dirimir os litígios relacionados com a prática do desporto ou que relevam do ordenamento jurídico desportivo.

Sua competência está prevista em seu Artigo 4º, *in verbis*[53]:

Artigo 4. Arbitragem necessária
1 — Compete ao TAD conhecer dos litígios emergentes dos atos e omissões das federações desportivas, ligas profissionais e outras entidades desportivas, no âmbito do exercício dos correspondentes poderes de regulamentação, organização, direção e disciplina.
2 — Salvo disposição em contrário e sem prejuízo do disposto no número seguinte, a competência definida no número anterior abrange as modalidades de garantia contenciosa previstas no Código de Processo nos Tribunais Administrativos que forem aplicáveis.

---

[53] PORTUGAL. Lei n.º 74/2013, de 06 de setembro; TRIBUNAL ARBITRAL DO DESPORTO.

3 — O acesso ao TAD só é admissível em via de recurso de:
a) Deliberações do órgão de disciplina ou decisões do órgão de justiça das federações desportivas, neste último caso quando proferidas em recurso de deliberações de outro órgão federativo que não o órgão de disciplina;
b) Decisões finais de órgãos de ligas profissionais e de outras entidades desportivas.
4 — Com exceção dos processos disciplinares a que se refere o artigo 59 da Lei n.º 38/2012, de 28 de agosto, compete ainda ao TAD conhecer dos litígios referidos no n.º 1 sempre que a decisão do órgão de disciplina ou de justiça das federações desportivas ou a decisão final de liga profissional ou de outra entidade desportiva não seja proferida no prazo de 45 dias ou, com fundamento na complexidade da causa, no prazo de 75 dias, contados a partir da autuação do respectivo processo.
5 — Nos casos previstos no número anterior, o prazo para a apresentação pela parte interessada do requerimento de avocação de competência junto do TAD é de 10 dias, contados a partir do final do prazo referido no número anterior, devendo este requerimento obedecer à forma prevista para o requerimento inicial.
6 — É excluída da jurisdição do TAD, não sendo assim suscetível designadamente do recurso referido no n.º 3, a resolução de questões emergentes da aplicação das normas técnicas e disciplinares diretamente respeitantes à prática da própria competição desportiva.

O Comitê Olímpico de Portugal é responsável pela instalação e funcionamento do TAD, cujas receitas do Tribunal compreende as custas processuais cobradas nos processos, bem como dos valores provenientes dos serviços de consultas e de mediação.

O TAD exerce sua jurisdição em todo território português, para resolução dos litígios emergentes dos atos e omissões das federações, entidades desportivas e ligas profissionais, bem como, via recursal das decisões dos órgãos jurisdicionais das federações desportivas, entidades desportivas e pela Autoridade Antidopagem de Portugal, mediante arbitragem necessária. Compete, também, julgar os litígios relacionados direta ou indiretamente ao desporto, tais como os emergentes de contratos de trabalho desportivo celebrados entre atletas ou técnicos e agentes ou organismos desportivos, podendo até mesmo ser apreciada a licitude do despedimento, mediante arbitragem voluntária, para tanto, é necessário existir convenção de arbitragem ou cláusula estatutária de determinada federação, ou organismo desportivo.

É composto por no máximo 40 árbitros, juristas de reconhecida idoneidade e competência e personalidades de comprovada qualificação científica, profissional ou técnica na área do desporto, de reconhecida idoneidade e competência, independente e imparcial, a qual é aprovada pelo Conselho de Arbitragem Desportiva, devendo constar: Cinco árbitros designados pelas federações desportivas de modalidades olímpicas em cujo âmbito não se organizem competições desportivas profissionais; Cinco árbitros designados pelas federações desportivas de modalidades não olímpicas; Cinco árbitros designados pela Confederação do Desporto de Portugal; Dois árbitros designados pelas federações em cujo âmbito se organizem competições desportivas profissionais; Dois árbitros designados pelas ligas que organizem as competições desportivas profissionais referidas na alínea anterior; Um árbitro designado por cada uma das organizações socioprofissionais de praticantes, treinadores e árbitros e juízes das modalidades em que se disputam as competições referidas na alínea d), reconhecidas pelas federações respetivas; Dois árbitros designados pela Comissão de Atletas Olímpicos; Dois árbitros designados pela Confederação Portuguesa das Associações dos Treinadores; Dois árbitros designados pelas associações representativas de outros agentes desportivos, reconhecidas pelas federações respetivas; Um árbitro designado pela Associação Portuguesa de Direito Desportivo e Cinco árbitros escolhidos pela Comissão Executiva do Comité Olímpico de Portugal, de entre personalidades independentes das entidades referidas nas alíneas anteriores, para exercer suas atividades por um período de 4 anos, renováveis.

Assim, verifica-se que, com a implementação da arbitragem e mediação, o desporto em Portugal avança em métodos alternativos de solução de conflitos.

2.4 Justiça desportiva na CONMEBOL

A Confederação Sul-Americana de Futebol (CONMEBOL) foi fundada em 9 de julho de 1916, em Buenos Aires, na Argentina, possuindo natureza jurídica de associação civil de direito privado, sem fins lucrativos, sendo constituída pelas associações nacionais de futebol da América do Sul, membros da FIFA, com sede permanente em Luque, no Paraguai, conforme preconiza o Artigo 1º de seus Estatutos[54].

Nos dias atuais, a CONMEBOL é composta por dez associações nacionais: Associação Argentina de Futebol, Confederação Brasileira de Futebol, Federação Chilena de Futebol, Associação Uruguaia de Futebol (essas quatro primeiras desde 1916), Associação Paraguaia de Futebol (desde 1921), Federação Boliviana de Futebol, Federação Peruana de Futebol (essas duas desde 1925), Federação Equatoriana de Futebol (desde 1927), Federação Colombiana de Futebol (desde 1936) e Federação Venezuelana de Futebol (desde 1953).

Em que pese ser a autoridade máxima no desporto sul-americano até o ano de 2012, as competições organizadas pela entidade não possuíam tribunal ou código disciplinar para regular as situações deploráveis ocorridas nas partidas de nosso continente.

A partir da referida data, a Justiça Desportiva da CONMEBOL começou a ser composta pelos seguintes órgãos: Comissão Disciplinar, Comissão Ética e Comissão de Apelações, em conformidade com os Artigos 54 e 57 de seus Estatutos:

> Artigo 54º Jurisdição e Competência Disciplinar
> 1. Será sancionado disciplinarmente o comportamento antiesportivo ou as violações ou infrações às Regras do Jogo e aos Estatutos, regulamentos, decisões, ordens e instruções da CONMEBOL e da FIFA, as quais serão reguladas no Código de Ética e no Regulamento Disciplinar da CONMEBOL.
> 2. Os órgãos judiciais da CONMEBOL podem impor as sanções descritas no presente Estatuto, Código de Ética e no Regu-

---

[54] Disponível em: https://www.conmebol.com/pt-br/estatutos/. Acessado em 03 de setembro de 2022.

lamento Disciplinar da CONMEBOL, às associações membros, aos clubes oficiais, treinadores, jogadores, intermediários e aos agentes organizadores de partidas.

[...]

Artigo 57º Órgãos Judiciais

1. Os Órgãos Judiciais da CONMEBOL são:
a. Comissão Disciplinar
b. Comissão de Ética
c. Comissão de Apelações

2. Seus integrantes serão eleitos por Congresso. Uma vez eleitos, somente poderão ser removidos de suas funções pelo Congresso. No momento de eleger os membros dos órgãos judiciais, deve-se levar em consideração que as mulheres possuam representação nestas unidades.

3. Os integrantes de órgãos judiciais não poderão formar parte de nenhum outro órgão da CONMEBOL ou das Associações Membros, devendo esses serem independentes. Seus órgãos judicantes são compostos por um advogado de cada Federação ou Associação nacional, distribuídos em cinco por câmara. O Tribunal Disciplinar realiza o julgamento em primeira instância, cabendo recurso à Câmara de Apelação, que, por sua vez, julga também os casos de doping, corrupção e os de maior gravidade[55].

Curioso destacar que não existe a persona do procurador, órgão que, na Justiça Desportiva brasileira, é responsável pelo oferecimento das denúncias. Dessa forma, os clubes prejudicados podem apresentar notificação formal através da federação de seu país para iniciar o procedimento.

---

[55] O Tribunal da CONMEBOL funciona como um verdadeiro Tribunal de Penas que visa apenas ao caráter arrecadatório, em detrimento de alguns princípios como da ampla defesa. O Tribunal funciona como um verdadeiro tribunal de recursos dos Departamento de Trânsito (Detran) em que já se sabe que não será analisado o direito em razão da existência de uma indústria arrecadatória que parece ter metas de punibilidade aos clubes.

2.5 Justiça desportiva na FIFA e o Tribunal Arbitral do Esporte (Tribunal Arbitral du Sport (TAS) ou Corte Arbitral do Esporte (Court of Arbitration for Sports (CAS)

A partir da premissa de que o sistema desportivo é composto pela livre associação das entidades de práticas desportivas de futebol, podemos classificá-lo como piramidal, onde, no topo, a entidade máxima determina o regramento que deve ser adotado pelas Federações Internacionais, Nacionais e Regionais.

Pirâmide que tem no topo a FIFA, fundada em Paris, no dia 21 de maio de 1904, sua sede física está localizada em Zurique, na Suíça, e, atualmente, conta com 211 associações afiliadas[56].

Para organizar seu ecossistema, a FIFA possui seu Congresso, órgão legislativo supremo; o Conselho, órgão estratégico e supervisor; e a Secretaria Geral, órgão executivo e administrativo, conforme Artigo 24 do seu estatuto. Já quanto aos órgãos judiciais temos: Comitê Disciplinar, Comitê de Ética e Comitê Disciplinar, e de acordo com o Artigo 54 do estatuto[57], a FIFA possui o Tribunal do Futebol, que é composto por três câmaras: a Câmara de Resolução de Litígios, a Câmara de Estatuto dos Jogadores e a Câmara de Agentes.

A jurisdição do Tribunal do Futebol está deliberada nos regulamentos da FIFA, principalmente no Regulamento sobre o Estatuto e Transferência de Jogadores (*Regulation for the Status and Transfer of Players* — RSTP) e o Regulamentos que regem a aplicação dos Estatutos FIFA (*Regulations Governing the Application of the FIFA Statutes* — RGAS).

A Câmara de Resolução de Controvérsias (RDC) possui representação igualitária de jogadores e clubes, com um presidente independente, nos termos do Artigo 22, nº 1, alíneas a, b, d, e e do RSTP, tendo competência para processar e julgar disputas entre clubes e jogadores em relação à manutenção da estabilidade contratual onde tenha havido solicitação de certificado de transferência internacional; disputas relacionadas ao contrato de trabalho entre um clube e

---

[56] Disponível em: https://www.fifa.com/about-fifa. Acesso em: 05 de setembro de 2022.
[57] Disponível em: https://digitalhub.fifa.com/m/7af12a40897b1002/original/azwxwe kfmxonfdixwv1m-pdf.pdf. Acesso em: 05 de setembro de 2022.

um jogador de dimensão internacional; litígios relativos à compensação de formação e ao mecanismo de solidariedade entre clubes afiliados a diferentes associações e litígios relativos à compensação de formação e ao mecanismo de solidariedade entre clubes filiados à mesma federação, desde que a transferência de um jogador na origem do litígio ocorra entre clubes afiliados a federações diferentes.

A Câmara de Status de Jogadores (PSC) tem amparo nas alíneas c e f, do mesmo dispositivo legal anteriormente citado, para se pronunciar sobre disputas trabalhistas entre um clube e um treinador de dimensão internacional, disputas laborais entre uma associação e um treinador de dimensão internacional e disputas entre clubes filiados a diferentes associações.

Segue a literatura citada[58]:

> *Without prejudice to the right of any player, coach, association, or club to seek redress before a civil court for employment-related disputes, FIFA is competent to hear:*
> *a) disputes between clubs and players in relation to the maintenance of contractual stability (articles 13-18) where there has been an ITC request and a claim from an interested party in relation to said ITC request, in particular regarding the issue of the ITC, sporting sanctions or compensation for breach of contract;*
> *b) employment-related disputes between a club and a player of an international dimension; the aforementioned parties may, however, explicitly opt in writing for such disputes to be decided by an independent arbitration tribunal that has been established at national level within the framework of the association and/or a collective bargaining agreement. Any such arbitration clause must be included either directly in the contract or in a collective bargaining agreement applicable on the parties. The independent national arbitration tribunal must guarantee fair proceedings and respect the principle of equal representation of players and clubs;*

---

[58] Disponível em: https://digitalhub.fifa.com/m/e7a6c0381ba30235/original/g1ohng u7qdbxyo7kc38e-pdf.pdf. Acesso em 05 de setembro de 2022.

> c) *employment-related disputes between a club or an association and a coach of an international dimension; the aforementioned parties may, however, explicitly opt in writing for such disputes to be decided by an independent arbitration tribunal that has been established at national level within the framework of the association and/or a collective bargaining agreement. Any such arbitration clause must be included either directly in the contract or in a collective bargaining agreement applicable on the parties. The independent national arbitration tribunal must guarantee fair proceedings and respect the principle of equal representation of coaches and clubs;*
> d) *disputes relating to training compensation (article 20) and the solidarity mechanism (article 21) between clubs belonging to different associations;*
> e) *disputes relating to training compensation (article 20) and the solidarity mechanism (article 21) between clubs belonging to the same association provided that the transfer of a player at the basis of the dispute occurs between clubs belonging to different associations;*
> f) *disputes between clubs belonging to different associations that do not fall within the cases provided for in a), d) and e).*

Por fim, o RSTP e RGAS dispõem, também, sobre a competência da Câmara de Status dos Jogadores para decidir questões relacionadas à transferência internacional ou primeiro registro de atleta menor de idade, pedido de elegibilidade ou mudança de associação, intervenção da FIFA para autorizar o registro de atleta, retorno tardio de um jogador à equipe à qual é vinculado, além de assegurar regras específicas para esses assuntos.

A FIFA reconhece o Tribunal Arbitral do Esporte (TAS/CAS), na resolução de litígios entre a FIFA e seus "jurisdicionados". Ele foi instituído em 1984, visando criar um foro especializado na resolução de conflitos desportivos, de modo que as celeumas fossem resolvidas de forma privada, célere, imparcial e independente, ora atuando como última instância, ora como uma câmara arbitral ou de mediação.

Sobre a globalização cada vez mais acentuada no desporto internacional, Martinho[59] destaca em seu livro a necessidade de instituir entidades para ditar as regras de prática e normas de competição, vejamos:

> [...] a ditar regras técnicas de prática e as normas necessárias para a realização das competições, velando pela sua fiel execução por parte dos integrantes das disputas, além de exercerem sobre eles o poder disciplinar em relação ao desempenho de tais atividades. Essa organização restou confeccionada em modelo extremamente complexo e fortemente hierarquizado, extravasando os seus limites de atuação para além das fronteiras estatais, uma vez que se encontra edificada sobre entidades que controlam internacionalmente o sistema desportivo da competição.

Com esse fundamento é instituído o TAS/CAS, o qual é um tribunal arbitral mundial, composto por especialistas do Direito Desportivo, para melhor resolução de conflitos relacionados ao esporte através da mediação e arbitragem.

Conforme Artigo S12 do Estatuto, o Tribunal Arbitral do Esporte tem competência para processar e julgar disputas que lhes sejam submetidas por meio de arbitragem ordinária; resolver controvérsias relacionadas a questões antidoping em primeira ou única instância; resolver, através do procedimento arbitral de recurso, as controvérsias relacionadas com as decisões das federações, associações e outras entidades desportivas, na medida em que tal esteja previsto nos estatutos ou regulamentos dessas entidades desportivas ou em acordo específico; e resolver disputas que lhes sejam submetidas por meio de mediação, extraído da leitura seguinte[60]:

> *CAS constitutes Panels which have the responsibility of resolving disputes arising in the context of sport by arbitration*

---

[59] MIRANDA, Martinho Neves. O Direito no Desporto. 2ª ed. Rio de Janeiro: Lumen Juris, 2011, p. 35.
[60] Disponível em: https://www.tas-cas.org/es/cias/codigo-estatutos-del-cias.html#c 3724. Acesso em: 05 de setembro de 2022.

and/or mediation pursuant to the Procedural Rules (Articles R27 et seq.).
For such purpose, CAS provides the necessary infrastructure, effects the constitution of Panels and oversees the efficient conduct of the proceedings.
The responsibilities of Panels are, inter alia:
a) *to resolve the disputes referred to them through ordinary arbitration;*
b) *to resolve anti-doping-related matters as a first-instance authoriy or as a sole*
instance;
c) *to resolve through the appeals arbitration procedure disputes concerning the decisions of federations, associations or other sports-related bodies, insofar as the statutes or regulations of the said sports-related bodies or a specific agreement so provide;*
d) *to resolve the disputes that are referred to them through mediation.*

No que se refere à sua estrutura, o Tribunal Arbitral do Esporte é composto pela Câmara Ordinária, Câmara de Apelação, Câmara Ad Hoc e a Câmara Antidopagem.

A Câmara Ordinária resolve casos em que a controvérsia tenha uma relação mínima com o universo desportivo, normalmente envolvendo conflitos comerciais, contratuais, patrocínios, licenciamento de atletas e outros, todos em instância única.

A Câmara de Apelação trata de recursos contra decisões proferidas por órgãos desportivos, uma vez exauridas todas as instâncias.

A Câmara Ad Hoc é sazonal e criada com uma finalidade específica: contexto em que o tribunal é instalado na sede do evento e comumente acionado durante os Jogos Olímpicos de Verão e de Inverno.

Já a Câmara Antidopagem foi criada em 2016 para decidir sobre qualquer violação ao Código Mundial Antidopagem.

Insta ressaltar que a aplicação da legislação nos procedimentos do TAS/CAS diverge em relação ao momento. Nos ordinários, a demanda deve ser decidida conforme a lei escolhida pelas partes durante o processo, ou previamente acordada no termo compromissário. Em caso de omissão, a legislação aplicada será a da Suíça.

Nos casos oriundos de instância recursal, a celeuma deve ser julgada de acordo com as normas e regulamentos aplicáveis ao órgão desportivo que proferiu a decisão recorrida, regra excepcionada quando a lei não trouxer clareza à corte, que poderá aplicar a lei que entender mais apropriada.

3 ACESSO À JUSTIÇA

A partir do momento em que os relacionamentos assumiram caráter mais coletivo que individual, as sociedades modernas abandonaram a visão individualista dos direitos.

O direito ao acesso à prestação jurisdicional tem sido progressivamente reconhecido como de importância ímpar, sendo encarado como requisito fundamental de um sistema jurídico que aspira garantir o direito de todos.

No início deste capítulo, é de salutar importância trazer à baila os ensinamentos sobre a teoria dos direitos fundamentais com base na tipologia das normas jurídicas, regras e princípios do jurista alemão Robert Alexy, que visava a superação da divisão existente entre direito natural e direito positivo.

Para ALEXY[61], a norma de direito fundamental atribuída surge da evolução interpretativa de uma norma fundamental expressa, ou seja, positivada no texto constitucional, de forma que a validade das normas atribuídas se assenta no referencial adequado de um direito fundamental positivado.

> [...] uma norma atribuída é válida, e é uma norma de direito fundamental, se, para tal atribuição a uma norma diretamente estabelecida pelo texto constitucional, for possível uma correta fundamentação referida a direitos fundamentais.

No entanto, a teoria da atribuição dos direitos fundamentais tem um papel positivo, no sentido de constituir um meio de criação de novos direitos fundamentais: manter o sistema aberto.

---

[61] ALEXY, Robert. Teoria dos Direitos Fundamentais. Trad: Virgílio Afonso da Silva. São Paulo: Malheiros, 2008, p. 74.

Assim como Alexy, Ingo W. Sarlet[62] também defende a existência de direitos fundamentais fora do catálogo constitucional:

> [...] direitos fundamentais fora do catálogo somente poderão ser os que — constem, ou não, do texto constitucional — por seu conteúdo e importância, possam ser equiparados aos integrantes do rol elencado no Título II de nossa Lei Fundamental. Ambos os critérios (substância e relevância) se encontram agregados entre si e são imprescindíveis para o conceito materialmente aberto de direitos fundamentais.

Portanto, os direitos fundamentais devem ser não apenas formalmente reconhecidos, mas materialmente efetivados, tendo a justiça desportiva como garantidora do cumprimento dos direitos humanos.

3.1 Normas, princípios e regras

Robert Alexy sustenta a tese de que princípios e regras são normas de natureza cogente, ou seja, um dever ser sentido de um ato dirigido à conduta de outrem. Além do mais, a distinção entre regras e princípios é um dos pilares fundamentais da teoria dos direitos fundamentais.

Explica Barroso[63]:

> Princípios constitucionais incidem sobre o mundo jurídico e sobre a realidade fática de diferentes maneiras. Por vezes, o princípio será fundamentado direto de uma decisão. De outras vezes, sua incidência será indireta, condicionando a interpretação de determinada regra ou paralisando sua eficácia. Relembre-se que entre regras e princípios constitucionais não há hierarquia jurídica, como decorrência do princípio instru-

---

[62] SARLET, Ingo W. A Eficácia dos Direitos Fundamentais. Porto Alegre: Livraria do Advogado, 2009, p. 92.
[63] BARROSO, Luis Roberto. Curso de Direito Constitucional Contemporâneo: os conceitos fundamentais e a construção do novo modelo. São Paulo: Saraiva, 2009, p. 318.

mental da unidade da Constituição, embora alguns autores se refiram a uma hierarquia axiológica, devido ao fato de os princípios condicionarem a compreensão das regras e até mesmo, em certas hipóteses, poderem afastar sua incidência.

O principal ponto da diferenciação é de natureza qualitativa, em que os princípios são normas que ordenam que algo seja realizado na maior medida possível, dentro das possibilidades jurídicas e reais existentes. De outra forma, as regras são normas que só podem ser cumpridas, ou não, de acordo com sua validade.

A diferença entre regras e princípios mostra-se mais claramente nas suas colisões.

O conflito entre as regras só pode ser resolvido no campo da validade, mediante introdução em uma de suas regras de uma cláusula de exceção que elimina o conflito.

Já a colisão entre os princípios é solucionada de maneira diversa, quando um cede em relação ao outro, o que não significa em declarar inválido o princípio desprestigiado, mas sendo ponderados seus pesos em relação ao caso concreto.

No tocante às normas de direitos fundamentais, Alexy[64] entende que possuem caráter duplo, sendo o modelo que melhor compreende o ordenamento jurídico, vejamos:

> O fato de que, por meio das disposições de direitos fundamentais, sejam estatuídas duas espécies de normas — as regras e os princípios — é o fundamento do caráter duplo das disposições de direitos fundamentais. Mas isso não significa ainda que também as normas de direitos fundamentais compartilhem desse mesmo caráter duplo. De início elas são ou regras (normalmente incompletas) ou princípios. Mas as normas de direitos fundamentais adquirem um caráter duplo se forem construídas de forma a que ambos os níveis sejam nelas reunidos

---

[64] ALEXY, Robert. Teoria dos Direitos Fundamentais. Trad. Virgílio Afonso da Silva. São Paulo: Malheiros, 2008, p. 141.

Portanto, os direitos fundamentais não se limitam a um sistema fechado, mas sim um sistema aberto que possibilita a inclusão de novos direitos fundamentais conforme a evolução histórica humana, sempre lastreado na dignidade da pessoa humana.

3.2 Jurisdição

Nessa parte do estudo, é imperioso retomar os conceitos clássicos da teoria geral do processo, o qual define como ramo do direito público que versa sobre o conjunto de normas reguladoras processuais.

O bem jurídico tutelado, também, detentor da nomenclatura de direito material, cuida de regular as relações jurídicas entre as pessoas; bem como, entre pessoas e o poder público. No direito processual encontram-se as regras e princípios basilares que sustentam o processo.

Giuseppe Chiovenda conceitua jurisdição da seguinte forma[65]:

> É a função do Estado que tem por escopo a atuação da vontade concreta da lei por meio de substituição, pela atividade de órgãos públicos, da atividade de particulares ou de outros órgãos públicos, já no afirmar a existência da vontade concreta da lei, já no torná-la, praticamente, efetiva.

Segundo o entendimento do autor, nesse processo ocorre a vontade concreta da lei e a confirmação de sua validade, que ele conceitua como: "o complexo dos atos coordenados ao objetivo da atuação da vontade da lei (com respeito a um bem que se pretende garantido por ela) por parte dos órgãos da jurisdição ordinária".

Chiovenda tem o processo judicial como instrumento através do qual a jurisdição é prestada de forma exclusivamente estatal, substituindo a vontade das partes com a finalidade de aplicar a lei no caso concreto, realizando, assim, a paz social.

---

[65] CHIOVENDA, Giuseppe. Instituições de direito processual civil. São Paulo: Saraiva, 1969. v. II, p. 37.

Conceito que perdurou por muito tempo como posicionamento majorante na doutrina brasileira, nada obstante, Candido Rangel Dinamarco[66] em sua obra "Teoria Geral do Novo Processo Civil" ensina que "é do passado a crença em um monopólio estatal da jurisdição, responsável pela concentração dos estudos sobre esta com o foco lançado exclusivamente sobre a jurisdição estatal", modernizando a relação processual[67].

É por isso que a jurisdição estatal, como fonte de dizer o direito exclusiva[68], carece de especificidade para atender de maneira efetiva às preocupações sociais atuais, dessa forma, que a autocomposição cresce em relevância, no que tange aos mecanismos de resolução de disputas, privilegiando a vontade das partes, agindo em conjunto com a jurisdição estatal para permitir a pacificação social frente a aceleração da globalização mundial[69].

---

[66] DINAMARCO, Cândido Rangel; LOPES, Bruno Vasconcelos Carrilho. Teoria Geral do novo Processo Civil. 3. Ed. São Paulo: Malheiros Editores, 2018. P. 79.

[67] "Para o processo civil moderno, no entanto, o significado de jurisdição é muito mais abrangente do que se pensa, porque a atividade jurisdicional não se esgota na simples afirmação da existência, ou não, de um determinado direito [...] É que, para o processo civil moderno, que tem como norte a chamada "instrumentalidade do processo", a atividade jurisdicional, além de um escopo jurídico, de atuação da vontade da lei material, também tem objetivos sociais e políticos a atingir". BONICIO, Marcelo José Magalhães. Introdução ao processo civil moderno. São Paulo: Lex Editora, 2009. P. 74.

[68] "A teoria geral (do processo) sabe indicar também, com segurança e generalidade, o modo de ser da relação funcional entre o processo e o direito substancial, além de definir princípios e seu significado jurídico-político e sua amplitude, indicando os institutos fundamentais do direito processual jurisdicional, definindo o módulo processual e construindo os grandes diagramas da ciência do processo (competência; ação, elementos, condições; procedimento, atos processuais, forma, vícios, invalidade; partes, capacidade; prova, instrução, decisão; procedimento, recurso, etc)". DINAMARCO, Cândido Rangel. A Instrumentalidade do Processo. 14. Ed. São Paulo: Malheiros Editores, 2009. P. 87.

[69] "Diante da crescente autonomia dos diferentes setores da vida social propiciada pelo fenômeno da globalização, com suas racionalidades específicas e muitas vezes incompatíveis entre si levando à ampliação dos sistemas auto-organizados e auto-regulados, o Judiciário foi levado a uma crise de identidade. Por um lado o Estado do qual faz parte, ao promulgar leis, cada vez mais tende a levar em conta o contexto internacional para saber o que pode realmente regular e quais de suas normas serão efetivamente respeitadas. Por outro lado, o Judiciário e os demais poderes do Estado também já não podem mais alme-

3.3 Princípio da Inafastabilidade da jurisdição

A expressão "acesso à justiça" deve ser interpretada em sentido amplo, como norma fundamental constitucional que baseia todo o ordenamento jurídico, positivada no título Dos Direitos e Garantias Fundamentais, no capítulo Dos Direitos e Deveres Individuais e Coletivos, da CF/88, Artigo 5°, Inciso XXXV, ao garantir aos brasileiros e aos estrangeiros residentes no País que a lei não excluirá da apreciação do Poder Judiciário lesão ou ameaça a direito.

A interpretação do princípio do acesso à justiça tem que ser mais ampla do que o simples acesso ao Poder Judiciário, ou seja, o direito e a garantia do acesso à justiça se concretizam com a entrega da prestação jurisdicional justa, num tempo razoável, obedecendo ao devido processo legal e à dignidade da pessoa humana.

Capelletti[70] ensina:

> A expressão "Acesso à Justiça" é reconhecidamente de difícil definição, mas para se determinar duas finalidades básicas do sistema jurídico –o sistema pelo qual as pessoas podem reivindicar seus direitos e/ou resolver seus litígios sob os auspícios do Estado. O primeiro, o sistema deve ser igualmente acessível a todos; segundo, ele deve produzir resultados que sejam individual e socialmente justos.

O acesso à justiça deve ser compreendido assim: como o acesso obtido, alcançado, tanto por intermédio dos meios alternativos de solução de conflitos de interesses quanto pela via jurisdicional e das políticas públicas, de forma tempestiva, adequada e eficiente, rea-

---

jar a disciplinar sociedades complexas por meio de seus instrumentos, suas categorias e seus procedimentos jurídicos tradicionais". FARIA, José Eduardo. Direitos Fundamentais e Jurisdição: o Judiciário após a globalização. *In* Direito em Debate, vol. 9. Ijuí: Departamento de Ciências Jurídicas e Sociais da Unijuí, 1997. P. 10-1.

[70] CAPPELLETTI, Mauro. Acesso à Justiça. Tradução Ellen Gracie Northefleet. Porto Alegre: Frabis, 1998. p. 8.

lizando uma ordem de valores fundamentais e essenciais que promova a pacificação social com a realização do escopo da justiça.

Nesta linha de pensamento Martins[71] assevera:

> O dever de assegurar o acesso à justiça não se limita a simples possibilidade de distribuição do feito, ou a manutenção de tribunais estatais à disposição da população, mas engloba um complexo sistema de informação legal aos hipossuficientes jurídicos, o patrocínio de defesa dos interesses daqueles econômica e financeiramente desprotegidos que possibilitem a igualdade de todos e, acima de tudo, uma justiça célere em prol do jurisdicionado.

José Roberto da Silva Bedaque[72] também defende o mesmo posicionamento:

> Acesso à Justiça ou mais propriamente acesso à ordem jurídica justa significa proporcionar a todos, sem qualquer restrição, o direito de pleitear a tutela jurisdicional do Estado e de ter à disposição o meio constitucionalmente previsto para alcançar esse resultado. Ninguém pode ser privado do devido processo legal, ou melhor, do devido processo constitucional. É o processo modelado em conformidade com garantias fundamentais, suficientes para torná-lo êquo, correto, justo.

Sem embargo, o direito de ação não é absoluto, uma vez que está suscetível às condições da ação, limitando a prestação integral em cada caso concreto para evitar desperdício de demandas irrelevantes.

---

[71] MARTINS, Pedro Batista. Acesso à justiça. Aspectos fundamentais da lei da arbitragem, Rio de Janeiro, 1999. p. 4.
[72] BEDAQUE, José Roberto dos Santos. Tutela cautelar e tutela antecipada: tutelas sumárias e de urgência, p. 71.

3.4 Jurisdição desportiva

De início é de salutar relembrar as lições de Mauro[73], em especial da terceira onda "um novo enfoque de acesso à justiça", onde o acesso à justiça não basta, ela precisa ser verdadeiramente efetiva. O novo foco no acesso encorajou reformas amplas — como mudanças nos procedimentos e estruturas judiciais, ou mesmo a criação de novos tribunais; o uso de leigos ou paraprofissionais como juízes e advogados; entidades projetadas para evitar disputas ou facilitar a codificação da resolução e uso de mecanismos privados de resolução de litígios.

Assim, diante da grandeza e de seu poder social, o Desporto não poderia de ter seus métodos e organismos para resolver seus próprios conflitos.

Roberto de Palma Barracco[74] explica:

> Afinal, o que significa dizer que a jurisdição desportiva é uma jurisdição específica na prática? A regra geral aqui é que o Esporte, como subsistema social entre "Direito-Esporte", é composto pela *lex sportiva* (a ordem jurídica desportiva) e pela jurisdição desportiva (e seus "órgãos decisórios específicos"). É o esporte olhando para si.

O esporte está sujeito além das leis nacionais[75]. O esporte associativo cada vez mais se regula para criar condições de competição,

---

[73] CAPPELLETTI, Mauro, e GARTH, Bryant, Acesso à Justiça, tradução de Hellen Gracie Northfleet. Porto Alegre: Sérgio Fabris, 1988, p. 71.
[74] DE PALMA BARRACCO, Roberto. Contribuição para a sistematização do processo desportivo: fundamentos da jurisdição desportiva. São Paulo, 2018. P. 178.
[75] "Essa permanente tensão entre as normas expedidas pelas Federações Internacionais e as legislações nacionais de cada país filiado é um tema que exige uma profunda análise sobre a *lex sportiva* e o transconstitucionalismo". WAMBIER, Pedro Arrudo Alvim. A legitimidade da vedação das federações internacionais do acesso às cortes ordinárias de justiça. *In* Revista Brasileira de Direito Desportivo, Edição n. 29, 2017. São Paulo: Lex Magister, 2017. P. 119.

de trabalho e de negócios, numa sociedade complexa com relações complementares e específicas[76].

As aberrações jurisdicionais (Caso Copa União 87) é a causa e consequência da mitigação da inafastabilidade do controle jurisdicional. A crença de que o Estado e Justiça são sinônimos é afastada, ao se ver que no Esporte também possui Justiça[77], fidelizada aos preceitos da moral e regras da *lex sportiva*.

Barracco ao fazer uma análise dos sistemas de solução de litígios entre o Esporte e o Estado, assevera que:

> O Esporte, assim como um Estado, é um subsistema autopoiético com pretensões normativa (ordem e ordenamento jurídico), diretiva (autonomia e jurisdição) e sancionatória (influência e cooperação-*coertio*). Essas pretensões são frutos de uma realidade social em que o Esporte, como fenômeno social, se torna um negócio globalizado do entretenimento que é parte intrínseca da cultura atual.

Portanto, entende-se que a Jurisdição Desportiva é específica e que suas sanções desportivas vinculadas aos seus associados legitima seu micro ordenamento jurídico (sistema disciplinar e regulatório), autônomo e independente.

---

[76] "Afinal, o direito faz parte da construção cultural de uma sociedade, e serve como baliza e instrumento da interação, integração e cooperação de sua sociedade — tanto para dentro quanto para fora dela. Nesse sentido, o direito é uma ferramenta de pacificação social. E como ferramenta, acompanha a sociedade que se remodela de acordo com as três maiores forças-influências: tecnologia, globalização e meio ambiente". DE PALMA BARRACCO, Roberto. Contribuição para a sistematização do processo desportivo: fundamentos da jurisdição desportiva. São Paulo, 2018. P. 179.

[77] "Além de conferir decisões técnicas e especializadas às questões analisadas, o desenvolvimento da arbitragem retira das justiças estatais o fardo de ser o único caminho apto a resolver litígios com a chancela jurisdicional: logicamente, uma maior difusão dos meios alternativos de solução de controvérsias reduz a tarefa dos tribunais nacionais". NICOLAU, Jean Eduardo. Tribunal Arbitral do Esporte: funcionamento e perspectivas. *In* Revista Brasileira de Direito Desportivo, vol. 18. São Paulo: Revista dos Tribunais, 2010. P. 316.

3.5 Autonomia da justiça desportiva e mitigação do acesso à justiça comum

Como dito alhures, o Artigo 217 da CF/88 prevê, em seu Parágrafo 1º, que "o Poder Judiciário só admitirá ações relativas à disciplina e às competições desportivas após esgotarem-se as instâncias da justiça desportiva, regulada em lei.", o que de prima face verifica-se um conflito aparente com o direito fundamental de ação, já que o Parágrafo 1º da CF/88 prevê é uma condição de admissibilidade das demandas que abordem sobre competição e disciplina esportiva.

A autonomia da Justiça Desportiva positivada no texto constituinte fora de grande importância para o ecossistema, visto que careceria a Justiça Comum de celeridade e ausência de estar presente na prática esportiva, o que poderia causar danos irreparáveis à competição e seu microambiente.

Fernanda Soares cita Álvaro Melo Filho[78]:

> A Constitucionalização da Justiça Desportiva tornou-se imperiosa e necessária face ao crônico e persistente congestionamento da Justiça Estatal que, regra geral, perturba o normal andamento, continuidade e dinâmica das disputas desportivas, trazendo mais problemas do que soluções. Não haja dúvida: se o Poder Judiciário começar a envolver- se na disciplina das competições e a examinar decisões dos tribunais desportivos, muito breve os jóqueis discutirão em juízo as punições que lhes são aplicadas pela comissão de corridas do hipódromo, as tripulações de barcos irão às últimas instâncias contra as decisões da liga náutica, e os campeonatos vão ser definidos na tribuna das cortes judiciárias mais do que nas canchas dos estádios. E é certo que não ficaríamos nisso.

Por essa razão, não cabe a outro órgão rediscutir o mérito desportivo, concerne, apenas, a análise do devido processo legal.

---

[78] Disponível em: https://leiemcampo.com.br/teria-a-justica-desportiva-meios--para-resguardar-se-de-decisoes-arbitrarias-da-justica-comum/. Acesso em: 02 de outubro de 2022.

Nesse sentido, colaciona-se entendimento jurisprudencial:

> Apelação Cível. Direito Desportivo. Ação de procedimento comum. Pedido de aplicação da penalidade prevista no art. 213 do Código Brasileiro de Justiça Desportiva, em cúmulo com a supressão dos meios de comunicação da notícia de que o Clube de Regatas do Flamengo foi o campeão do torneio de remo de 2003), declaração de que o Tribunal Desportivo é o competente para julgar a causa, além de sanção disciplinar e multa aplicada ao diretor de remo do Clube de Regatas do Flamengo. Sentença de extinção do processo, sem resolução de mérito, por falta de interesse de agir, quanto ao pedido declaratório de competência do Tribunal Desportivo e, quanto às demais pretensões, por falta de esgotamento da instância desportiva. Irresignação. Preliminar de nulidade de sentença, por violação do princípio da congruência. Rejeição. Sentença que julgou em relação aos limites do pedido. Interesse de agir. Necessidade e utilidade da prestação jurisdicional. O Tribunal Desportivo tem competência atribuída pela constituição da república. Desnecessidade de declaração judicial para determiná-la, salvo em caso de conflito negativo. Demais pedidos subordinados a condição especial do legítimo exercício do direito de ação. Necessidade de esgotamento da esfera desportiva. Art. 217, § 1º da carta republicana. Art. 24 do Código Brasileiro de Justiça Desportiva. Art. 50 da lei n.º 9.615/98 ("Lei Pelé"). Inexistência de violação ao princípio da inafastabilidade da jurisdição. Recurso conhecido e desprovido. (TJ-RJ — APL: 00758152020088190001, Relator: Des(a). Gilberto Campista Guarino, data de julgamento: 04/03/2021, Décima Quarta Câmara Cível, data de publicação: 05/03/2021)

A CF/88 reconhece a necessidade da solução dos litígios desportivos por órgão específico, julgadores conhecedores dos princípios do esporte, visando a uma solução ágil, evitando a indefinição de resultados.

Paulo Schmitt vai além e assevera que antes de recorrerem à esfera do Judiciário brasileiro, o interessado deveria entrar com recurso no Tribunal Arbitral do Esporte Internacional, senão vejamos[79]:

> Não se pode falar em esgotamento de todas as instâncias da Justiça Desportiva com base simplesmente numa decisão do Pleno do STJD, por mais que esta seja a mais alta Corte Desportiva no Brasil. No futebol, a última instância da Justiça Desportiva, de acordo com normas internacionais, é o Tribunal Arbitral do Esporte, que, por sinal, é referenciado pelo regulamento de competições da própria Confederação Brasileira de Futebol (CBF).

A doutrina posiciona-se, nesse sentido, ao que se refere a litígios desportivos internacionais, ou seja, não há o impedimento de busca do juízo estatal, porém há restrição na apreciação da matéria pela Justiça Comum.

No tocante aos litígios desportivos dirimidos via arbitragem do TAS, há quem considere que o princípio de não ingerência quanto ao mérito das decisões já teria se consolidado. Nesta linha de raciocínio, segue entendimento de Jean Nicolau[80]: "Com efeito, o que se pretende é restringir tal margem de apreciação, há um controle acerca da observância das garantias processuais e da ordem pública material do foro".

Conforme tal ponto de vista, as autoridades estatais não poderiam, em termos práticos, apreciar nem questões relativas às regras técnicas, tal qual o mérito da discussão de um atleta por um árbitro de jogo ou a pertinência das normas que fixam as dimensões da área de jogo, nem mesmo — e daí advém a inovação — o mérito de atos jurídicos desportivos que pertençam à alçada de uma entidade desportiva internacional.

---

[79] Disponível em: https://ibdd.com.br/paulo-schmitt-clubes-so-devem-ir-a-justica-comum-apos-acionar-o-tas/. Acesso em: 02 de outubro de 2022.
[80] NICOLAU, Jean Eduardo. Direito Internacional Privado do Esporte. Quartier Latin, São Paulo, 2018, p. 347.

Tais atos jurídicos-desportivos podem referir-se com efeito, (I) ao direito desportivo disciplinar ou (II) as questões atinentes às organizações das competições internacionais.

A questão do acesso à Justiça Comum deve perpassar todo o debate sobre a reforma da Justiça Desportiva, pois continua sendo uma questão importante. Todos os jurisdicionados dessa justiça e aqueles que de alguma forma são afetados pelas suas decisões, sempre que tenham dúvidas quanto à credibilidade da Justiça Desportiva, tenderão a procurar a Justiça Comum.

3.6 Métodos alternativos para solução de conflitos

A morosidade processual tende a estrangular os direitos fundamentais do cidadão e não viabilizar a justiça social. Em razão disso, o Conselho Nacional de Justiça (CNJ) estimulou mudanças no sistema jurídico nacional para romper com a cultura do litígio na sociedade.

A Justiça Desportiva instituída pela CF/88 é um meio extrajudicial de resolução de conflitos esportivos revestidos de natureza autônoma, através do qual os clubes, associações e demais partícipes do mundo associativo desportivo expõem seus anseios e litígios. Também fazem parte desses métodos a conciliação, a mediação e a arbitragem.

O primeiro caso de mediação no STJD do Futebol deu-se entre os clubes. Fluminense e Botafogo, que ingressaram, em 19 de junho de 2020, no Superior Tribunal de Justiça Desportiva do Futebol, com Medida Inominada, com pedido de liminar urgente. Apesar de entrarem com medidas individuais, os clubes reivindicam o mesmo: adiamento das duas próximas partidas do Campeonato Carioca, além do direito de não aplicabilidade de punição pela Federação de Futebol do Rio de Janeiro, por não atuarem nas partidas, em caso de não ser deferido o adiamento. As Medidas foram encaminhadas ao presidente do STJD, Paulo César Salomão Filho.

Nos documentos, os clubes destacam a propagação desenfreada da Covid-19 no Estado do Rio de Janeiro. Ainda de acordo com os clubes, os cuidados no retorno ao futebol eram justificáveis à medida que cresciam os números de contaminados pelo coronavírus no Brasil.

O presidente do Superior Tribunal de Justiça do Futebol determinou a realização de uma sessão de mediação entre STJD, Fluminense, Botafogo e Federação de Futebol do Rio de Janeiro. A reunião virtual, no dia 19 de junho de 2020, foi mediada pela presidente da Comissão de Mediação da OAB/RJ.

A decisão de mediação foi tomada após análise panorâmica dos fatos.

Mesmo pronto para decidir sobre a questão, o presidente do STJD considerou: "diante de uma relação de natureza tão complexa, plurilateral, e da qual poderão surtir consequências prejudiciais aos envolvidos, é impositivo que se recorra aos chamados métodos alternativos e adequados de solução de conflitos, como é, por exemplo, a Mediação". Conforme o presidente do STJD, em seu entendimento, não demonstrava nenhuma ilegalidade, pois os temas debatidos eram mais profundos e necessitavam de uma incursão não se limitando às questões relacionadas aos princípios desportivos envolvidos.

Depois de uma última tentativa de acordo, Botafogo, Fluminense e FERJ não se entenderam sobre as datas de realização das partidas restantes dos clubes no Campeonato Carioca. A decisão, então, coube ao presidente do STJD, Paulo César Salomão Filho, que aceitou parcialmente os pedidos dos clubes em questão, e adiou para domingo os jogos da dupla pela 4ª rodada da Taça Rio.

Consoante a decisão, Botafogo e Fluminense só poderiam jogar a partir de 28 de junho, pela 4ª rodada, e, a partir de 1º de julho, pela 5ª rodada. Inicialmente, os dois clubes desejavam voltar somente em julho, enquanto a FERJ marcou partidas de ambos para 22 de junho, adiadas após decreto da Prefeitura[81].

Por conseguinte, a Justiça Desportiva Nacional é um método alternativo para solução de seus conflitos por não estar vinculada ao Poder Judiciário; entretanto, se diferencia da arbitragem por ter características próprias.

---

[81] Disponível em https://www.stjd.org.br/noticias/presidente-defere-parcial-pedido-de-flu-e-bota.

3.7 Diferenças entre justiça comum, CNRD e arbitragem

A ciência do Direito, ao tratar do desenvolvimento dos sistemas de soluções de conflitos, divide-os, basicamente, em três tipos distintos[82]: (a) autotutela ou autodefesa, (b) autocomposição e (c) heterocomposição. Enquanto as duas primeiras definem-se pela resolução da controvérsia realizada diretamente entre as partes envolvidas, seja por meio da imposição de uma opinião pelo mais forte ou da realização de um acordo, a última envolve, além das partes, a atuação tanto de entes privados como do Estado. Dessa forma, pode-se afirmar que é a etapa na qual se situa a arbitragem, juntamente com a jurisdição estatal.

3.7.1 Judiciário

O Poder Judiciário aplica a lei a caso concreto, substituindo a vontade das partes (heterocomposição), com a força definitiva e vinculante. É composto por diversos órgãos, conforme prevê o Artigo 92 da CF/88, num rol taxativo, *in verbis*:

> Art. 92. São órgãos do Poder Judiciário:
> I — o Supremo Tribunal Federal;
> I-A — o Conselho Nacional de Justiça (incluído pela EC nº 45/2004);
> II — o Superior Tribunal de Justiça;
> II-A — o Tribunal Superior do Trabalho (incluído pela EC nº 92/2016);
> III — os Tribunais Regionais Federais e Juízes Federais;
> IV — os Tribunais e Juízes do Trabalho;
> V — os Tribunais e Juízes Eleitorais;
> VI — os Tribunais e Juízes Militares;
> VII — os Tribunais e Juízes dos Estados e do Distrito Federal e Territórios.

---

[82] GUILHERME, Luiz Fernando do Vale de Almeida. Arbitragem. São Paulo: Quartier Latin, 2003. p.34.

No ensinamento de Wambier[83], jurisdição, no âmbito do processo civil, é a função de resolver os conflitos que a ela sejam dirigidos, seja por pessoas naturais, jurídicas ou entes despersonalizados, em substituição a estes segundo as possibilidades normatizadoras do Direito.

De imediato, percebemos que a jurisdição age por provocação, ou seja, é naturalmente inerte, consoante o interessado na tutela jurisdicional faça um pedido para um Juiz Natural.

A jurisdição é uma atividade pública, cujos órgãos do Judiciário detêm-na, e substitutiva porque, para fazer cumprir a determinação da lei, os Juízes de Direito dão a interpretação legislativa em nome das partes, a fim de buscar uma solução ao conflito.

Outra característica é a irrevogabilidade da atividade jurisdicional, que deve ser exercida por Juiz Natural investido e competente para resolver a causa.

Por fim, a jurisdição tem imposição de coisa julgada, que impede a modificação de uma decisão terminativa de mérito sobre determinado conflito, não cabendo mais recursos às partes, fornecendo segurança jurídica ao negócio bilateral.

A jurisdição comum tem escopo de atuação nas esferas federal, estadual e territorial. As jurisdições especiais são trabalhistas, militares e eleitorais. Dentre elas, a competência trabalhista é exclusivamente federal, dos tribunais federais, exceto nos casos não abrangidos por este juízo especializado, onde os juízes estaduais ordinários exercerão as funções de delegados trabalhistas.

Todas essas jurisdições possuem primeira e segunda instâncias, permitindo que o tribunal superior competente analise a decisão de cada sentença segundo a matéria tratada.

3.7.2 Arbitragem

Os órgãos do Poder Judiciário são a tradicional forma de resolução de conflitos, no entanto, têm se mostrado falhos, em razão da

---

[83] WAMBIER, Luiz Rodrigues (coord.). Curso Avançado de Direito Processual Civil. 3. ed. São Paulo: Revista dos Tribunais, 2001.

quantidade de processos devido à demora na entrega da prestação jurisdicional.

Nas palavras de Jhansi Terzi[84]:

> "Esses meios de resolução de conflitos resultam dos esforços do legislador pátrio, para desafogar o judiciário estatal, na busca do pleno acesso à justiça, entendido este como a certeza de receber uma decisão mais ajustada e adequada à pretensão demandada, dentro de um lapso razoável de tempo."

Dessa forma, o ordenamento jurídico tem buscado outras formas de resolução dos conflitos, quais sejam: mediação, conciliação e arbitragem.

Tais institutos foram poucos explorados na vigência do Código de Processo Civil (CPC), Lei nº 5.869, de 11 de janeiro de 1973, situação que vem sendo mudada gradativamente com a entrada em vigor da Resolução nº 125, de 29 de novembro de 2010, do Conselho Nacional de Justiça (CNJ) e do Código de Processo Civil de 2015, Lei 13.105, de 16 de março de 2015.

O juízo arbitral, modalidade de resolução de disputas caracterizada fundamentalmente pela submissão do litígio a um terceiro (o árbitro), escolhido mediante acordo entre as partes, desenvolveu-se em maior ou menor medida ao longo do tempo, desde a Antiguidade.

Carmona[85] define arbitragem como:

> [...] a arbitragem, de uma forma ampla, é um meio para resolver conflitos, por meio de uma ou mais pessoas, que recebe seus poderes de uma convenção privada, sem a intervenção do Estado, sendo a decisão destinada a ter eficácia de uma decisão judicial.

---

[84] TERZI, Jhansi. "Tribunais Arbitrais Desportivos — possibilidade — meio alternativo de solução de conflito jus desportivo trabalhista de atleta profissional do futebol". In VARGAS, Angelo. (Org.) — Direito no Desporto Cultura e Contradições. Rio de Janeiro: Letra Capital, 2013, p.143.
[85] CARMONA, Carlos Alberto. Arbitragem no Processo Civil Brasileiro. 1ª ed. São Paulo: Malheiros, 1993, p. 19.

Ou seja, as partes escolhem uma terceira pessoa para solucionar o conflito, sendo que esta pessoa, que é chamada de árbitro, não está enquadrada dentro da função jurisdicional do Estado, mas sua decisão tem força vinculante entre as partes e assemelha-se a uma decisão judicial.

A Arbitragem está regulada pela Lei nº 9.307, de 23 de setembro de 1996, versando exclusivamente sobre os direitos patrimoniais disponíveis.

Para Scavone[86], direito patrimonial disponível é:

> [...] todos os direitos que têm conteúdo de ordem patrimonial ou econômica dos quais se pode dispor. Isto é, dar, usar, gozar, negociar, fornecer, comercializar, ceder, emprestar, mesmo renunciar. Simplesmente todo ato ou fato entre as pessoas, firmas ou empresas particulares que possam ser objeto de qualquer contrato, seja por instrumentos particulares ou públicos, verbais, por cartas, e-mail etc.

Conclui-se então que, de acordo com a legislação mencionada e o Artigo 515.º, inciso VII, do CPC/2015, a sentença arbitral tem efeito de execução de título judicial.

É importante referir, no contexto brasileiro, a evolução relativa à possibilidade de execução dos laudos arbitrais. Especialmente com relação a laudos internacionais, a jurisprudência pátria desenvolveu-se no sentido de, aplicando a legislação pertinente[87], facilitar o reconhecimento da decisão tomada pelo árbitro, permitindo a uma parte exigir da outra o seu cumprimento.

Insta salientar a incorporação ao ordenamento jurídico pátrio da Convenção sobre o Reconhecimento e a Execução de Sentenças

---

[86] JÚNIOR, Luiz Antonio Scavone. Manual de arbitragem. 4ºed. São Paulo: Editora Revista dos Tribunais Ltda, 2011.

[87] O STJ, ao analisar sentenças arbitrais estrangeiras, não analisa o mérito da decisão, mas tão somente sua regularidade formal, ou seja, "o atendimento aos ditames da Resolução STJ n./2005, do art. 17 da LINDB e, cumulativamente, atenção ao fixado na Lein. 9.037/96" (STJ. SEC nº 10658/EX. Corte Especial. Relator: Ministro Humberto Martins. Julgado em 01.10.2014. Disponível em: http://www.stj.jus.br. Acessado em: 22 de agosto de 2022.

Arbitrais Estrangeiras, através do Decreto nº 4.311, de 23 de julho de 2002, e a alteração da competência para a homologação de sentenças arbitrais estrangeiras do STF para o STJ, por força da Emenda Constitucional nº 45, de 30 de dezembro de 2004, também marcos normativos relevantes no que se refere à arbitragem no país e à sua utilização.

Segue julgamento[88] pelo Supremo Tribunal Federal reconhecendo a importância e constitucionalidade da arbitragem:

> [...] a Constituição proíbe que lei exclua da apreciação do Poder Judiciário lesão ou ameaça a direito (art. 5º, XXXV). Ela não proíbe que as partes pactuem formas extrajudiciais de solução de seus conflitos, atuais e futuros. Não há nenhuma vedação constitucional a que as partes, maiores e capazes, ajustem a submissão de conflitos, que possam decorrer de relações jurídicas decorrentes de contrato específico, ao sistema de arbitragem. Não há renúncia abstrata à jurisdição. Há isto sim convenção de arbitragem sobre litígios futuros e eventuais, circunscritos à específica relação contratual, rigorosamente determináveis. Há renúncia relativa à jurisdição. Circunscreve-se a renúncia aos litígios que decorram do pacto contratual, nos limites fixados pela cláusula. Não há que se ler na regra constitucional (art. 5º, XXXV), que tem como destinatário o legislador, a proibição das partes renunciarem à ação judicial quanto a litígios determináveis, decorrentes de contrato específico.

Todo esse desenvolvimento legislativo e jurisprudencial colaborou para o reconhecimento da arbitragem como meio legítimo e constitucional para a solução de litígios no direito brasileiro, efetivando sua atividade de natureza jurisdicional.

A arbitragem na seara esportiva, como vista anteriormente, possui reconhecimento internacional, valendo-se do TAS/CAS para dirimir seus conflitos em última instância.

---

[88] BRASIL. STF. Sentença Estrangeira n. 5206 (Agravo Regimental). Julgamento: 12.12.2001. Tribunal Pleno. Disponível em: stf.jusbrasil.com.br. Acesso em: 30 de setembro de 2022.

Importante marco[89] do reconhecimento da arbitragem desportiva deu-se em caso ocorrido em 1992, quando o cavaleiro Elmar Gundel fora condenado pela Federação Equestre Internacional pelo fato de competir montado em um cavalo dopado. Irresignado, o atleta recorreu ao CAS, que manteve parcialmente a decisão da Federação. Ainda insatisfeito, o cavaleiro interpôs outro recurso junto ao Tribunal Suíço, sustentando a imparcialidade e questionando a independência do CAS, por ser esse tribunal controlado e financiado pelo COI.

Em resposta, a Corte Suíça decidiu pela legalidade da decisão do CAS, por haver todos os requisitos para uma sentença arbitral, ressaltando a possibilidade de eventual participação do COI em um dos polos da demanda.

Tal julgamento motivou a criação do Código de Arbitragem do CAS e do *International Council of Arbitration for Sport* (ICAS), ou, Conselho Internacional de Arbitragem para o Esporte (ICAS), órgão supremo arbitral criado em 1994, em Lausanne na Suíça, alterando a estrutura do CAS.

Nesse sentido, Fernanda Soares[90] ressalta:

> Em face desse julgamento, em 1994, entendeu-se por bem a criação do Conselho Internacional de Arbitragem Desportiva (ICAS), passando o CAS a ter uma nova estrutura, tendo o ICAS como órgão supremo. O ICAS ficou, a partir de então, responsável por zelar pelo bom funcionamento e financiamento do CAS, substituindo o COI.

O ICAS possui aval da comunidade desportiva internacional por se tratar de um foro especializado e com expertise nas lides esportivas, para que essas possam ser dirimidas de forma rápida, eficaz e eficiente, e o processo ter grande importância de harmonização da *Lex Sportiva*.

---

[89] Disponível em: https://leiemcampo.com.br/tribunal-arbitral-do-esporte-tas--ou-corte-arbitral-do-esporte-cas/. Acesso em: 30 de setembro de 2022.
[90] Disponível em: https://leiemcampo.com.br/tribunal-arbitral-do-esporte-tas--ou-corte-arbitral-do-esporte-cas/. Acesso em 08 de outubro de 2022.

3.7.3 Câmara Nacional de Resolução de Disputas

Em meados dos anos 1990, a FIFA percebeu uma série de irregularidades nas relações desenvolvidas entre os agentes de jogadores, clubes e atletas. A partir dessa problemática, a entidade máxima de administração do futebol resolveu editar regulamentos que sanassem os vícios encontrados.

Foi então que foram criados os órgãos *Players' Status Committee* (PSC) e *Dispute Resolution Chamber* (DRC) para dirimir os conflitos atinentes à prática desportiva.

Nesta seara, a FIFA, visando dar independência às federações para uma composição harmônica do sistema associativo e reduzir o número de conflitos a serem dirimidos pela instituição, resolveu criar um regulamento padrão para que as Federações/Confederações Internacionais pudessem se organizar de forma igual.

Dessa forma, nacionalmente, foi criado o Comitê de Resolução de Litígios (CRL), órgão que viria a ser substituído, em 2016, pela Câmara Nacional de Resolução de Disputas (CNRD), órgão criado sob a égide da Confederação Brasileira de Futebol (CBF) com o propósito de dirimir os conflitos do mundo associativo do futebol de forma célere e por profissionais especializados e qualificados.

O Regulamento da CNRD 2020 traz em seu Artigo 2º o rol taxativo de seus "jurisdicionados", *in verbis*:

> Art. 2º — Submetem-se à CNRD, em todo território nacional:
> I — as federações;
> II — as ligas de futebol vinculadas à CBF;
> III — os clubes;
> IV — os atletas profissionais e não profissionais, inclusive os brasileiros registrados em associações estrangeiras e os estrangeiros registrados na CBF;
> V — os intermediários registrados na CBF;
> VI — os treinadores e demais membros de comissão técnica, inclusive os brasileiros vinculados a clubes estrangeiros e os estrangeiros vinculados a clubes brasileiros.

Em tela, a CNRD é composta por cinco membros: o presidente, a quem caberá o exercício da presidência, e outros quatro indicados pelos clubes filiados à CBF, pela Federação Nacional dos Atletas Profissionais de Futebol, pelos intermediários registrados e pelos técnicos de futebol, cada qual tendo um suplente[91].

As entidades nacionais nomeiam membros para garantir igualdade de julgamento e maior adesão ao órgão por parte dos litigantes, pois a forma de julgamento poderá afetar esforços futuros para buscar a resolução de conflitos, se a jurisdição for voluntária e consensual.

Sua competência tem previsão expressa no Artigo 3º de seu Regulamento:

> Art. 3º — A CNRD tem competência para conhecer de litígios:
> I — entre clubes e atletas, envolvendo o vínculo desportivo do atleta, a manutenção da estabilidade contratual ou a solicitação de transferência nacional, em especial nos casos em que houver requerimento de uma das partes ou de terceiros interessados relativo ao registro do atleta, à aplicação de sanções esportivas ou ao pagamento de valores decorrentes de rescisão de contrato;
> II — entre clubes e atletas, de natureza laboral, desde que de comum acordo entre as partes, com garantia de processo equitativo e respeito ao princípio da representação paritária de atletas e clubes;
> III — acerca da aplicação do art. 64 do RNRTAF;
> IV — entre clubes, envolvendo a compensação por formação ou o mecanismo de solidariedade nacional, previstos nos arts. 29 e 29-A da Lei nº 9.615/1998, respectivamente;
> V — entre clubes brasileiros, relacionados com a indenização por formação (*training compensation*) ou com o mecanismo de solidariedade FIFA, previstos nos arts. 20 e 21 do Regulamento sobre o Status e a Transferência de Jogadores da FIFA, respectivamente;

---

[91] CONFEDERAÇÃO BRASILEIRA DE FUTEBOL. Regulamento da Câmara Nacional de Resolução de Disputas. 20 de setembro de 2016. Rio de Janeiro, RJ. Disponível em: <http://www.cbf.com.br/a-cbf/cnrd/regulamento-da-cnrd#.V-V-WjvArKoo>. Acesso em: 22 de agosto de 2022.

VI — entre intermediários registrados na CBF, ou entre estes e clubes, membros de comissão técnica ou atletas;

VII — entre clubes e membros de comissão técnica, de natureza laboral, desde que de comum acordo entre as partes, com garantia de processo equitativo e respeito ao princípio da representação paritária de membros de comissão técnica e clubes;

VIII– resultantes do descumprimento do RNRTAF ou do RNI;

IX — entre clubes e federações, de qualquer natureza, cuja competência não seja da Justiça Desportiva;

X — de competência originária do CRL;

XI — sobre os quais haja convenção de arbitragem elegendo a CNRD para dirimi-los;

XII — relativos à regularidade de ato de registro ou transferência de atribuição da DRT;

XIII — relativos ao descumprimento de decisões emitidas pelo CBMA em recurso de decisões da CNRD, ou ao descumprimento de decisões emitidas pelo TAS em recursos contra decisões do CRL.

Parágrafo único — As competências a que se referem os incisos I, II e VII não prejudicam o direito de qualquer atleta, treinador, membro de comissão técnica ou clube ajuizar as ações que da lei.

Tendo natureza jurídica de ente despersonalizado, ou seja, a CNRD é sujeito de direito, embora não seja conferida de personalidade e não tenha condição de pessoa jurídica, sendo órgão pertencente à Confederação Brasileira de Futebol (CBF), entidade nacional máxima de administração do futebol.

4. PROBLEMAS DA JUSTIÇA DESPORTIVA

A criação da Justiça Desportiva torna-se de extrema importância cada vez mais, à medida que o esporte é profissionalizado pelos entes desportivos das bases municipais e estaduais, como forma de alteração do status social, econômico e de estilo de vida saudável.

Nas lições do patrono do Direito Desportivo no Brasil[92]:

> O profissionalismo legitima o exercício de uma atividade incluída no quadro das demais profissões lícitas, dando a ganhar ao desportista por ofício somas de tal proveito que, às vezes, superam os próprios cachês dos artistas do rádio, do palco ou da tela. No livro *"Les Sports et le Droit"*, Jean Loup advertiu que, se prosseguirmos por esse caminho, a decadência do desporte se extremará no desprestígio observado na história da velha Roma. Então, estaremos diante do perigo que se generalizou no seio das próprias universidades americanas, como recordado por Paul Champ, no estudo relativo à purificação do desporto universitário. Em verdade, a moral do desporto aviva o sentido da lealdade; ela *"n'est pas moins necessaire autor du tapis vert d'une Commission que sur um terrain de sport"*.

Em que pese a sua preocupação, o profissionalismo da Justiça Desportiva não acompanhou a evolução que certas competições alcançaram, principalmente o futebol. A qualidade da formação jus--desportiva resulta da análise dos fatos que decorrem de uma competição, cultivando a moral e o espírito esportivo.

---

[92] FILHO, João Lyra. Introdução ao Direito Desportivo. Rio de Janeiro. Irmãos Pongetti, 1952, p. 100.

Os Tribunais Desportivos não se modernizaram, vivem de pessoas voluntárias, nos quais ingressam pela simples indicação, muitas das vezes eminentemente política, objetivando o prestígio de ser auditor, eventualmente, estarem na mídia e para terem acesso às praças desportivas.

Em uma simples comparação, podemos verificar que quanto maior o interesse da população no espetáculo, maior é a dedicação de um atleta. Portanto, maior tem que ser a profissionalização daqueles que fazem parte do espetáculo.

Dessa forma, podemos extrair desse contexto ser necessária a existência de um tribunal especializado próprio para aplicar a *Lex Sportiva*. Segue pensamento de Martinho Neves Miranda no blog Lei em Campo[93]:

> Em que pese as "cáries" apresentadas recentemente, a ideia da criação da Justiça Desportiva (que é reconhecida pela Constituição, no art. 217, § 1º) é extremamente salutar por vários motivos.
>
> A uma, porque assuntos próprios do mundo do desporto não são devidamente apreciados pela justiça comum, que não possui conhecimentos técnicos apropriados para julgar lides dessa natureza.
>
> A duas, pelo fato de que a morosidade do Judiciário em dar desfecho definitivo às demandas tende a conferir uma incerteza no espírito de competidores e torcedores quanto à conclusão das disputas.
>
> A três, a tutela cautelar obtida em juízo não raro assumia foros de provimento permanente, o que desvirtuava a própria decisão judicial requisitada. Tão doloroso quanto uma dor de dente, era ver que as liminares concedidas ultimavam por alterar definitivamente os resultados das competições, causando prejuízos irreparáveis à prática do desporto.

---

[93] Disponível em: https://leiemcampo.com.br/a-raiz-do-problema/. Acesso em: 09 de setembro de 2022.

Por fim, não se olvide quanto à ineficácia das decisões proferidas pelo Judiciário no plano internacional, já que eventuais provimentos que se destinem a viabilizar a participação em competições fora do território nacional não são reconhecidos pelas federações internacionais.

Portanto, o julgador, ao se debruçar sobre uma causa de matéria desportiva, deve ser especializado e estar imbuído do espírito esportivo e dos princípios e regramentos de ordem universal da Justiça Desportiva.

O Congresso Nacional, que revisou e estudou a CF/88, Constituição Cidadã, trouxe um enorme avanço ao determinar a Justiça Desportiva diretamente no texto constitucional. Porém, nos últimos anos, o aumento de popularidade dos esportes e das novas formas de receitas injetadas no desporto nacional elevou sobremaneira o profissionalismo, fato que não fora acompanhado em diversas áreas do esporte, em especial na Justiça Desportiva.

Neste capítulo, serão tratados alguns pontos necessários para a melhoria do sistema da Justiça Desportiva, que merece aplausos; porém, como diversas áreas de nossa sociedade, não é perfeita e, por isso, uma crítica sempre construtiva para a melhoria não apenas do sistema, mas sobretudo do esporte e suas consequências na sociedade, será apresentada nesse trabalho.

4.1 Ausência de personalidade jurídica própria e profissionalização

Os Tribunais de Justiça Desportiva, embora independentes, não possuem personalidade jurídica própria, por serem diretamente ligados às entidades de administração desportiva, sendo custeados pelas federações. Embora o preenchimento de vagas dos cargos de auditores seja realizado de forma paritária, entende-se que a ausência de orçamento próprio no mínimo contribui para uma diminuição de interferência das federações que custeiam estes tribunais.

O Poder Judiciário, a título exemplificativo, possui em alguns Estados orçamento próprio e desta forma não dependem diretamente do custeio por parte do poder Executivo Estadual.

Se os tribunais possuírem seus próprios CNPJ e orçamento próprio provenientes diretamente de taxas oriundas dos clubes, diminuir-se-ia eventuais possibilidades de interferência nos julgados.

Existem tribunais, inclusive, que funcionam dentro da própria federação, fato que diminui a liberdade de seus componentes.

A ausência de personalidade jurídica própria dos Tribunais Desportivos, como dito anteriormente, em muitos casos interfere em sua autonomia.

Deve-se pensar que o Brasil como um país de dimensões continentais e com diversas modalidades esportivas que possuem tribunais próprios e realidades distintas.

É inegável que alguns esportes saíram do nível de entretenimento e passaram ao patamar de negócios de grande monta. O primeiro período de registros de transferências no futebol brasileiro movimentou R$ 294.468.318,00 (duzentos e noventa e quatro milhões, quatrocentos e sessenta e oito mil e trezentos e dezoito reais). No todo, 590 (quinhentos e noventa) jogadores saíram do país para o exterior, bem como mais 484 (quatrocentos e oitenta e quatro) atletas[94].

É inaceitável, nos tempos modernos, que as Cortes Desportivas de natureza constitucional, responsáveis pelo julgamento das infrações disciplinares e da organização das competições desportivas, mantenham seu modus operandi com a mesma legislação da década de 1990, alterada superficialmente em 2000.

As entidades de administração do desporto são pessoas jurídicas de direito privado, com organização e funcionamento autônomo e competências definidas em seu estatuto, conforme se extrai da leitura do Artigo 16 da Lei Pelé[95].

---

[94] Disponível em: https://ge.globo.com/negocios-do-esporte/noticia/2022/07/18/primeira-janela-de-transferencias-de-2022-movimentar-2945-milhoes-com-mais--saidas-do-que-chegadas.ghtml. Acesso em: 09 de setembro de 2022.

[95] Lei Pelé, Art. 16. As entidades de prática desportiva e as entidades de administração do desporto, bem como as ligas de que trata o art. 20, são pessoas jurídicas de direito privado, com organização e funcionamento autônomo, e terão as competências definidas em seus estatutos ou contratos sociais.

Os Tribunais de Justiça Desportiva são unidades autônomas e independentes das entidades de administração do desporto de cada modalidade, sendo constituídos pela própria entidade:

> Art. 50. A organização, o funcionamento e as atribuições da Justiça Desportiva, limitadas ao processo e julgamento das infrações disciplinares e às competições desportivas, serão definidos nos Códigos de Justiça Desportiva, facultando-se às ligas constituir seus próprios órgãos judicantes desportivos, com atuação restrita às suas competições.
> [...]
> Art. 52. Os órgãos integrantes da Justiça Desportiva são autônomos e independentes das entidades de administração do desporto de cada sistema, compondo-se do Superior Tribunal de Justiça Desportiva, funcionando junto às entidades nacionais de administração do desporto; dos Tribunais de Justiça Desportiva, funcionando junto às entidades regionais da administração do desporto, e das Comissões Disciplinares, com competência para processar e julgar as questões previstas nos Códigos de Justiça Desportiva, sempre assegurados a ampla defesa e o contraditório.

Não obstante, trata-se de letra-morta da lei, já que inexiste autonomia e independência nos Tribunais Desportivos, porque cabe às retromencionadas entidades custear o financiamento da Justiça Desportiva.

Essa dependência financeira tem previsão na Lei Geral do Desporto, em seu Artigo 50, parágrafo 4º, que determina que "compete às entidades de administração do desporto promover o custeio do funcionamento dos órgãos da Justiça Desportiva que funcionem junto a si".

O Código Brasileiro de Justiça Desportiva (CBJD) prevê punição rigorosa, em seu Artigo 226, à entidade de administração do desporto que não promover o custeio estabelecido em lei:

> Art. 226. Deixar a entidade de administração do desporto da mesma jurisdição territorial de prover os órgãos da Justiça Desportiva dos recursos humanos e materiais necessários ao

> seu pleno e célere funcionamento quando devidamente notificado pelo Presidente do Tribunal (STJD ou TJD), dentro do prazo fixado na notificação.
> PENA: suspensão do Presidente da entidade desportiva, ou de quem faça suas vezes até o integral cumprimento da obrigação.

Na prática, grande parte dos tribunais são localizados nos prédios das federações, o que, na simples análise, reforça a ideia de que são departamentos menores das federações, destituídos de personalidade jurídica, recursos e gestão financeira própria, o que não legitima sua independência.

Portanto, a autonomia em lato sensu realizar-se-á quando a Justiça Desportiva, dotada de personalidade jurídica própria, conseguir custear suas despesas para o pleno funcionamento, sem os benefícios concedidos pelas entidades de administração do desporto.

Traz-se à baila reportagem do jornal impresso "O GLOBO" de 23 de setembro de 2007, quase 15 anos depois, ainda é dotada de contemporaneidade. Paulo Schmitt, Procurador-Geral do Superior Tribunal de Justiça Desportiva (STJD), relata o amadorismo com que é feita a Justiça Desportiva e insurge-se sobre a inexistência de remuneração para os procuradores e auditores, que passam mais da metade do tempo dedicados às atividades da Corte do Futebol.

Krieger, auditor do STJD, verbaliza o reconhecimento do Ministro da Corte Suprema, que afirma que atuar na Justiça Desportiva do futebol concede mais visibilidade do que atuar no Supremo Tribunal Federal (STF)[96].

4.2 Subjetividade das nomeações dos auditores e necessidade de julgadores independentes

Outra problemática encontrada é: até que ponto pode-se considerar um julgamento justo, probo e imparcial ante a relação íntima em

---

[96] Na mencionada reportagem, cabe destacar que o exercício das atividades nos Tribunais Desportivos era encarado como mero "hobby", ainda trazendo um resquício de amadorismo em relação ao esporte.

que a federação jurisdicionada supri todas as necessidades institucionais do órgão julgador?

Sobre imparcialidade, faz-se breve reflexão sobre a personificação da Justiça representada, na mitologia grega, por Themis, mulher com os olhos vendados empunhando uma espada e uma balança, traduzindo o bom senso e força de suas decisões mediante tratamento igualitário às partes envolvidas.

Sobre tratamento igualitário, Aury Lopes Júnior[97] argumenta:

> A imparcialidade denomina-se objetiva, uma vez que não provém de ausência de vínculos juridicamente importantes entre o juiz e qualquer dos interessados jurídicos na causa, sejam partes ou não (imparcialidade dita subjetiva), mas porque corresponde à condição de originalidade da cognição que irá o juiz desenvolver na causa, no sentido de que não haja ainda, de modo consciente ou inconsciente, formado nenhuma convicção ou juízo prévio, no mesmo ou em outro processo, sobre os fatos por apurar ou sobre a sorte jurídica da lide por decidir. Assim, sua perda significa falta da isenção inerente ao exercício legítimo da função jurisdicional. Observou, por último, que, mediante interpretação lata do art.252, III, do CPP ("Art. 252. O juiz não poderá exercer jurisdição no processo em que:...III — tiver funcionado como juiz de outra instância, pronunciando-se, de fato ou de direito, sobre a questão"), mas conforme com o princípio do justo processo da lei (CF, art.5, LIV), não pode, sob pena de imparcialidade objetiva e por consequente impedimento, exercer jurisdição em causa penal o juiz que, em procedimento preliminar e oficioso de investigação de paternidade, se tenha pronunciado, de fato ou de direito, sobre a questão.

O auditor deve formar sua convicção pela prova colhida no processo desportivo, respeitado o devido processo legal, sem juízos

---

[97] LOPES JR., Aury. Direito processual penal. 13ª ed. São Paulo: Saraiva, 2016, p. 39.

oriundos de interferência política de quem os indicou, sem deixar de lado os princípios, valores e normas desportivas.

Continuo a citar o artigo A raiz do problema do Professor Martinho[98]:

> O exercício da função judicial é, entretanto, diferente. Supõe a análise do passado, em que se busca a verdade do ocorrido com a utilização de táticas jurídicas apropriadas. Daí porque os julgadores não devem ser escolhidos politicamente, mas de maneira técnica, através de certame público que apure a qualificação profissional do indivíduo.

Dentro da natural relação de causa e efeito, julgadores escolhidos de maneira política tendem a produzir julgamentos políticos, enquanto magistrados selecionados de acordo com suas aptidões tendem a produzir julgamentos técnicos.

O processo político de indicação não garante a qualidade do auditor e também não é salutar, porque sujeita o indicado à influência da entidade que exerceu a escolha, não dando ao ocupante do cargo a total independência de que tanto precisa para julgar os processos. Se não é correto afirmar que um tratamento de canal seja a causa de doenças graves, é seguro dizer que a forma de composição dos tribunais desportivos é a principal fonte de decisões que escapam do raciocínio lógico jurídico em detrimento das partes processuais, do Direito e da razão.

---

[98] Disponível em: https://leiemcampo.com.br/a-raiz-do-problema/. Acesso em: 09 de setembro de 2022.

FIGURA 2 — STJD no Banco dos Réus[99] | Rio de Janeiro, 23 de setembro de 2007|

[99] Infoglobo, Jornal O Globo — página 53.

Não adianta apenas trocar os auditores se o processo de escolha se mantiver o mesmo. Só mudarão os nomes e as imperfeições continuarão. É preciso fazer um "tratamento de canal", porque o problema da Justiça Desportiva é muito mais profundo do que parece.

No cenário na qual a sociedade está em constante transformação e emergem novos conceitos, num constante fluxo de aprimoramento profissional, a gestão esportiva e o *compliance*[100] são temas obrigatórios na profissionalização do mercado.

De acordo com esse pensamento, entende-se que a Justiça Desportiva não está no mesmo viés de crescimento ao manter os padrões de julgamento antigo, nos quais a ausência de independência acaba gerando pronunciamento político em prol dos interesses dos representantes das entidades administrativas do desporto.

Para esclarecer a prejudicialidade da interferência política, apresenta-se como exemplo a crise política que uma Confederação Nacional vivenciou com dirigentes envolvidos em escândalos de corrupção e nepotismo, gerando prejuízos que somam o valor de R$ 970.000.000,00 (novecentos e setenta milhões de reais)[101].

Assim, a independência da justiça esportiva deve envolver mudanças nos critérios de nomeação de seus membros. Mesmo as normas adotadas pelo Artigo 55 da Lei Pelé, ainda não atendem às necessidades de auditores especializados por modalidade, qualificação esta medida por critérios objetivos, independentes e autônomos.

---

[100] *Compliance*: significa estar em acordo com as leis, padrões éticos e regulamentos internos e externos. A origem da palavra vem do verbo em inglês to comply, "obedecer uma ordem, procedimento". Disponível em: <https://www.fsb.com.br/noticias/comp liance/#:~:text=O%20que%20%C3%A9%20compliance%3F.obedecer%20uma%20ordem%2C%20procedimento%E2%80%9D>. Acesso em: 09 de setembro de 2022.
[101] Disponível em: <https://www.terra.com.br/esportes/brasil/cbf-tenta-recuperar-milhoes-desviados-por-ex-dirigentes.4b4b59bc6f6d839987b7de2809e-632324xqpxerg.html>. Acesso em 09 de setembro de 2022.

FIGURA 3 — 30 Coisas que odiamos no Futebol Brasileiro[102] | São Paulo, julho de 2009

---

[102] Editora Abril, Revista Placar, Ed. 1332 — página 53.

15 STJD
Com suas punições mirabolantes revogáveis no minuto seguinte, o Superior Tribunal de Justiça Desportiva conseguiu derrubar o velho clichê de que o jogo só acaba quando termina.

FIGURA 4 — 30 Coisas que odiamos no Futebol Brasileiro[103] | São Paulo, julho de 2009

4.3 Interferência da justiça comum

Primeiramente, é necessário trazer breves conceitos de jurisdição, com o enfoque segundo Giuseppe Chiovenda[104]:

> [...] é a função do Estado que tem por escopo a atuação da vontade concreta da lei por meio de substituição, pela atividade de órgãos públicos, da atividade de particulares ou de outros órgãos públicos, já no afirmar a existência da vontade concreta da lei, já no torná-la, praticamente, efetiva.

De igual forma, a efetivação da jurisdição se dá através do processo, instrumento pelo qual os órgãos jurisdicionais se valem para promover a pacificação social.

Dentre os critérios distintivos propostos pela doutrina, Chiovenda indica dois, capazes de configurar a jurisdição: o caráter substitu-

---

[103] Editora Abril, Revista Placar, Ed. 1332 — página 56.
[104] CHIOVENDA, Giuseppe. Instituições de direito processual civil. São Paulo: Saraiva, 1969. v. II, p. 11.

tivo e seu propósito de atuação, sempre relacionados a determinado procedimento, vejamos[105]:

> [...] a atividade jurisdicional é sempre uma atividade de substituição: é — queremos dizer — a substituição de uma atividade pública a uma atividade alheia. Opera-se esta substituição por dois modos, correspondentes a dois estágios do processo, cognição e execução. a) Na cognição, a jurisdição consiste na substituição definitiva e obrigatória da atividade intelectiva do juiz à atividade intelectiva não só das partes, mas de todos os cidadãos, no afirmar existente ou não existente uma vontade concreta de lei concernente às partes. [...] Na sentença, o juiz substitui para sempre a todos ao afirmar existente uma obrigação de pagar, de dar de fazer ou não fazer. [...]. b) E quanto à atuação definitiva da vontade verificada, se trata de uma vontade só exequível pelos órgãos públicos, tal execução em si não é jurisdição: assim, não é jurisdição a execução da sentença penal. Quando, porém, se trata de uma vontade de lei exequível pela parte em causa, a jurisdição consiste na substituição, pela atividade material dos órgãos do estado, da atividade devida, seja que a atividade pública tenha por fim constranger o obrigado a agir, seja que vise ao resultado da atividade [...]. Em qualquer caso, portanto, é uma atividade pública exercida em lugar de outrem (não, entendamos em representação de outros).

O primeiro dá-se pelo fato de o julgador, ao analisar determinado caso concreto, substituir a vontade das partes. Em relação ao segundo, trata-se da atuação das normas de direito material.

Com o passar dos tempos e a evolução do pensamento jurídico, pode-se dizer que a jurisdição também é exercida externamente, fora das amarras estatais e do Poder Judiciário, conforme exemplos clássicos: arbitragem e a justiça desportiva.

---

[105] CINTRA, Antonio Carlos de Araújo; GRINOVER, Ada Pellegrini; DINAMARCO, Cândido Rangel. Teoria Geral do Processo. 31. ed. São Paulo: Malheiros Editores Ltda., 2015. p. 166.

É cediço que, com o advento da CF/88, foi concedida autonomia à Justiça Desportiva para solucionar as contendas relacionadas à disciplina e organização do desporto. Por conseguinte, fica nítido que se a Justiça Desportiva consubstancia em uma justiça especializada para resolver os conflitos do seu próprio ecossistema.

A prática esportiva profissional necessita de entrega jurisdicional célere, ante o notório saber do calendário apertado das competições para que os órgãos organizadores tenham tempo hábil para preparar a praça esportiva a fim de receber o espetáculo, com prazos escassos a envolver logística de viagens, venda de ingressos e período regenerativo do jogador que atua, praticamente, toda quarta e domingo.

Na esteira desse pensamento, o desporto não pode aguardar a morosidade da decisão estatal da Justiça Comum para dirimir os conflitos esportivos, sob pena de gerar um dano imenso às competições.

Outro problema enfrentado pelos órgãos do Poder Judiciário é a ausência de especialização na matéria de Direito Desportivo, uma vez que a maioria das faculdades e universidades brasileiras não possuem em suas grades curriculares a presente ciência como disciplina obrigatória.

Dada a natureza própria desportiva, é necessário que os julgadores detenham tanto a vivência prática da modalidade, quanto o conhecimento das regras, normas e princípios da *Lex Sportiva*, compreendidos unicamente por aqueles que consomem a atividade, o que normalmente não acontece quando há interferência da Justiça Comum, salvo raras exceções.

4.3.1 Copa União de 1987

Grande exemplo da morosidade e de prejudicialidade da interferência da Justiça Comum na competição desportiva é o caso da Copa União de 1987, idealizada pelo Clube dos 13 para ser o Campeonato Brasileiro do ano citado, devido à grave crise financeira e institucional da CBF para custear a competição.

As duas entidades entraram em acordo para realizar o campeonato com 32 clubes, divididos em dois módulos: o Verde, equipes promovidas pelo Clube dos 13, vencido pelo Flamengo; e o Amarelo, com equipes escolhidas pela entidade máxima do futebol brasileiro, vencido conjuntamente pelo Sport e Guarani em razão de, ao protagonizarem algo único em disputas de pênaltis no mundo, não acabarem, restando a opção de encerrar a partida. O regulamento previa um quadrangular entre os finalistas dos módulos apenas para indicar o representante brasileiro na Taça Libertadores da América do ano subsequente.

Porém, após o início do campeonato, a CBF modificou o regulamento e determinou que o cruzamento seria para definir o campeão brasileiro daquele ano — algo que foi recusado pela unanimidade dos clubes do Módulo Verde.

Com isso, Flamengo e Internacional, os primeiros colocados do Módulo Verde, abdicaram de participar do quadrangular final, não se apresentando nas datas definidas e foram eliminados por WO perante Sport e Guarani, os primeiros colocados do Módulo Amarelo que fizeram os seus jogos tendo Sport vencido a disputa deste quadrangular. O Flamengo declarou-se campeão brasileiro de 1987 por vencer o Módulo Verde.

O Sport insatisfeito ingressou na Justiça Federal de Pernambuco para que fosse declarado o único campeão, apesar de o CND, por unanimidade, declarar o Flamengo campeão. Apesar de ameaças de desligamento pela FIFA, em razão do descumprimento das suas regras, o Sport obteve ganho de causa no tribunal nordestino, dez anos após o encerramento do campeonato.

Após a CBF definir ambos os clubes campeões daquele ano, em 21 de fevereiro de 2011, visando à unificação dos títulos nacionais desde 1959, por meio de resolução da presidência da CBF, o Supremo Tribunal Federal, guardião das normas constitucionais, entendeu por bem declarar o Sport campeão nacional de 1987, em 05 de dezembro de 2017[106].

Do referido exemplo extrai-se o perigo para segurança jurídica desportiva, que teve um pronunciamento após 30 anos do evento esportivo, um dano patrimonial latente e, o pior, uma afronta à autonomia e independência constitucional desportiva.

---

[106] CARDOSO, Pablo Duarte. 1987: a história definitiva. 1. ed. Rio de Janeiro: Maquinária, 2017, p. 255/276.

4.3.2 Renúncia à justiça ordinária e suas sanções.

Diante da problemática acima e de outras, lemos, nos noticiários, relatos de possíveis sanções ao futebol brasileiro, dentro do ecossistema associativo, por interferência de decisões do Poder Judiciário[107].

O Estatuto da CBF, no seu artigo 154[108], prevê:

> Art. 154 — As Federações filiadas e as entidades de prática de futebol disputantes de competições integrantes do calendário nacional do futebol reconhecem a Justiça Desportiva como instância exclusiva para resolver as questões envolvendo matérias de disciplina ou de competição, nos termos dos § 1º e § 2º do artigo 217 da Constituição Federal, renunciando, voluntariamente, ao uso de recursos à Justiça ordinária, nos termos dos Estatutos da FIFA, CONMEBOL e da CBF.
> Parágrafo único — Se ingressar com ação na Justiça ordinária, a entidade filiada à CBF será preventivamente suspensa, ou, no caso de clube disputante de competição organizada pela CBF figurar no polo ativo da ação judicial, será dela imediatamente desligado, perdendo o direito de participar de qualquer competição do ano esportivo subsequente, sem prejuízo da cogente comunicação à FIFA e à CONMEBOL para fins de sanções incidentes na esfera internacional.

Além do mais, o CBJD prevê punição de exclusão da entidade filiada do campeonato ou torneio que estiver disputando e multa de R$100,00 a R$100.000,00 aos que procurarem o Poder Judiciário para pleitear matéria referente à disciplina e competições, antes de esgotadas todas as instâncias da Justiça Desportiva, ou que se beneficiarem de medidas obtidas pelos mesmos meios por terceiro.

---

[107] Disponível em: https://esportes.yahoo.com/noticias/decisao-da-justica-comum-pode-implicar-em-punicao-a-cbf-pela-fifa-122709761.html. Acesso em: 09 de setembro de 2022.
[108] Disponível em: https://conteudo.cbf.com.br/cdn/202206/20220617160856_3 26.pdf. Acesso em: 09 de setembro de 2022.

Sobre o tema, importante acrescentar ao debate a proibição de recursos à Justiça Comum como pressuposto processual, definido por Fredie Didier Júnior, da seguinte forma[109]:

> Não há mais razão para o uso, pela ciência do processo brasileira, do conceito 'condições da ação'. A legitimidade ad causam e o interesse de agir passarão a ser explicados com suporte no repertório teórico dos pressupostos processuais. A legitimidade e o interesse passarão, então, a constar da exposição sistemática dos pressupostos processuais de validade: o interesse, como pressuposto de validade objetivo extrínseco; legitimidade, como pressuposto de validade subjetivo relativo às partes.

Dessa forma, o pressuposto debatido consiste em razões de economia processual que determinam a criação de técnicas que permitam o julgamento antecipado, sem mobilizar o aparato estatal de forma inútil ao julgamento do mérito da causa.

Concatenando o conceito processual apresentado com a interpretação atribuída à norma desportiva constitucional, entende-se que, dada a especialidade e a autonomia da justiça desportiva, os órgãos do Poder Judiciário ficam adstritos às normas procedimentais, impossibilitados de manifestar-se no mérito da causa desportiva.

No periódico do Tribunal Regional Federal da 4ª região, Wambier[110] faz alusão a Luis Geraldo Sant'ana Lanfredi, antigo auditor do STJD da CBF:

> Seria um enorme contrassenso conceber um contencioso único e especial como a Justiça Desportiva e, ao mesmo tempo, não lhe outorgar qualquer deferência para impor suas decisões, ou seja, alguma eficácia, desde que respeitados tenham sido os trâmites, princípios e prazos previstos no ordenamento jurídico para obtenção de uma decisão justa e equilibrada.

---

[109] DIDIER JR, Fredie. Curso de Direito Processual Civil. 17ª ed. Vol. 1. Salvador: Editora Juspodivm, 2015, p. 306.
[110] Disponível em: https://www.revistadoutrinha.trf4.jus.br/artigos/edicao070/pedro_wambier.html. Acesso em: 09 de setembro de 2022.

Wambier continua, no mesmo artigo, fazendo uma interpretação perfeita da *Lex Sportiva*:

> [...] o controle jurisdicional em matéria de competições e disciplina, em regra, deve restringir-se à análise da observância dos princípios que orientam a Justiça Desportiva e do devido processo legal, e não quanto ao mérito das demandas julgadas pelas instâncias desportivas. Comprometeria sobremaneira a autonomia e a independência decisória dos órgãos da Justiça Desportiva submeter ao crivo do Poder Judiciário a aplicação de determinada penalidade pela prática de infração disciplinar definida em código visando, por exemplo, à minoração da pena.

Portanto, a Justiça Desportiva necessita da razão esportiva, em que qualquer metodologia jurídica dotada de conceitos fora do esporte será atentatória aos valores e princípios da prática esportiva.

4.4 Comissões disciplinares e o desporto feminino

É sabido que até meados do Século XIX, as mulheres eram excluídas de eventos sociais, dentre eles os ligados à esfera esportiva. Contudo, diante das conquistas históricas, a mulher passou a ingressar amiúde nas mais variadas áreas da sociedade moderna.

A Organização das Nações Unidas (ONU) reconheceu em 1970 a luta histórica, para terem suas condições equiparadas às dos homens, ao oficializar a data comemorativa de 08 de março, para reforçar seus anseios e bravura a fim de mudar uma sociedade. Inicialmente a luta representava a igualdade salarial, hoje combate o machismo, a violência e qualquer forma de preconceito.

Grandes atletas e ídolos esportistas nacionais são mulheres. Ficam os registros de Maria Esther Bueno, considerada o maior nome do tênis brasileiro; Hortência, grande rainha do basquete mundial; Marta, eleita seis vezes a melhor jogadora de futebol do mundo; e Maria Lenk, dentre outras.

Nada obstante, o STJD do futebol, na tentativa de incluir o gênero feminino na Justiça Desportiva, instituiu uma comissão disciplinar composta exclusivamente por mulheres, para julgar os casos relativos ao futebol feminino postura adotada por vários Tribunais Desportivos regionais.

Novamente, convém beber na fonte de sabedoria de Martinho Neves Miranda, em seu artigo intitulado Separados e Desiguais[111]:

> Ao alocar só mulheres numa comissão para julgar também suas semelhantes de igual gênero, o STJD não está de fato trazendo o sexo feminino para conviver com o masculino no Tribunal, mas colocando-o em separado, podendo levá-lo à estigmatização e passar a mensagem subliminar de inferioridade, na medida em que o futebol feminino inegavelmente possui hoje menor importância social que o masculino.

Criar categorias com base em características inatas ou quase sempre imodificáveis dos indivíduos, destacando-os do convívio social, não é a melhor estratégia. Tal como fora feito com as mulheres, não faria sentido criar uma comissão só de negros, idosos, pobres ou homossexuais, sob o pretexto de agraciá-los com uma participação social melhor.

Além disso, trata-se de uma medida inconstitucional, pois o já citado art.3º proíbe que as pessoas sejam distinguidas em virtude de origem, raça, sexo, cor e idade, exatamente para vedar que sejam criados estereótipos, grupos segregados ou marginalizados em virtude de características que façam parte de sua natureza.

Uma afronta clara ao Artigo 5º da CF/88[112], que proíbe qualquer diferenciação de qualquer natureza, devendo promover a inclusão das mulheres convivendo com seus diferentes em diversos fragmentos da sociedade civil moderna.

---

[111] Disponível em: https://leiemcampo.com.br/separados-e-desiguais/. Acesso em: 09 de setembro de 2022.
[112] Art. 5º Todos são iguais perante a lei, sem distinção de qualquer natureza, garantindo-se aos brasileiros e aos estrangeiros residentes no País a inviolabilidade do direito à vida, à liberdade, à igualdade, à segurança e à propriedade, nos termos seguintes:
I — homens e mulheres são iguais em direitos e obrigações, nos termos desta Constituição;

Nada mais foi feito do que uma segregação jus-desportiva, colocando o gênero feminino para atuar em separado do masculino, podendo timbrar sua meritocracia.

5 JUSTIÇA DESPORTIVA E A NECESSIDADE DE SUA PROFISSIONALIZAÇÃO

O sistema da Justiça Desportiva no Brasil enfrenta uma série de melhorias necessárias para que se torne mais justo e acompanhe a realidade esportiva alcançada nos últimos tempos.

Tratar o esporte de maneira amadora é um contrassenso em relação à dimensão alcançada nos últimos tempos, pois movimenta cifras bilionárias e consequentemente, requer uma maior segurança jurídica a fim de evitar imprecisões em que sejam necessárias intervenções do Poder Judiciário.

A sociedade esportiva acompanha as evoluções da globalização mundial, trazendo à discussão temas importantes e atuais, como, por exemplo, a xenofobia e o combate à manipulação de resultados face ao grande número de sites de apostas esportivas que viabilizaram a existência de uma nova profissão: o trader esportivo.

Neste capítulo, traremos algumas visões de profissionalização da justiça desportiva. Entende-se que a manutenção do status quo atual não é condizente com o profissionalismo exigido no esporte, pois as entidades de administração desportiva atuam como se fossem os três poderes: executivo (gestão da modalidade); legislativo que cria as normas e os regulamentos para o funcionamento de seus campeonatos e demais questões ligadas ao esporte); e judiciário (apesar da autonomia, os tribunais são custeados diretamente pelas federações, além de, na prática, participarem de algumas indicações fora aquelas determinadas em lei).

5.1 Preenchimento por meio de processo seletivo

Para enriquecer o tema, traz-se ao debate o artigo do Instituto Brasileiro de Direito Desportivo[113]:

> Com muita tristeza, vemos uma proposta de Nova Lei Geral do Esporte ser aprovada no Senado sem que a Justiça Desportiva tenha sido tratada com a atenção que merece. Até mesmo o artigo 55 da Lei Pelé, que tratava do reconhecimento da relevância pública da função de membro de Tribunal de Justiça Desportiva, foi suprimido na nova redação. Esperamos que tal aberração seja corrigida na Câmara dos Deputados, antes da aprovação final.

Faltou também criar regras mais específicas para o ingresso dos membros nos Tribunais de Justiça Desportiva, com análise de currículo, com necessidade de comprovação de experiência e, se não é interessante cobrar o registro profissional junto à Ordem dos Advogados do Brasil ou o bacharelado em Direito, ao menos criar formas de comprovação do tal "notório saber jurídico". E, ainda, faltou discutir a remuneração dos membros dos Tribunais, algo omisso tanto na legislação vigente quanto na proposta vindoura.

Indo além, defende-se a realização de concurso de provas e títulos, de forma análoga ao preenchimento das vagas do Poder Judiciário, a serem realizadas por instituição proba e de grande respeito na elaboração de processos seletivos nacionais, a critério da federação, para preenchimento das vagas de Auditor Desportivo, Procurador Desportivo e Defensor Desportivo.

A relação candidato vaga seria de forma paritária aos atuais representantes da Justiça Desportiva, para um mandato de quatro anos, podendo ser remanejados por mais um concurso para a mesma função, não havendo estabilidade no cargo, pois esta muitas vezes leva à ociosidade que é maléfica à eficiência do tribunal.

---

[113] Disponível em: https://ibdd.com.br/a-necessidade-de-profissionalizacao-da-justica-desportiva/. Acesso em: 10 de setembro de 2022.

Frise-se a necessidade de, ao se desligar das atuações no tribunal, ser cumprida uma quarentena obrigatória a ser estipulada pelo legislador por um período razoável.

Dessa forma, estar-se-ia corrigindo a problemática das mesmas pessoas permanecerem décadas[114] à frente da Justiça Desportiva, aos arrepios legais[115].

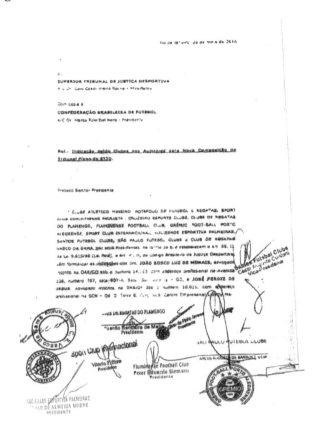

FIGURA 5 — Correspondência dos principais clubes de futebol da série "A" dirigida ao Superior Tribunal de Justiça Desportiva, com cópia à Confederação Brasileira de Futebol, Rio de Janeiro, 02 de maio de 2016.

---

[114] Matéria jornalística anexa.

[115] Pela primeira vez, em 2016, os clubes da série "A" do Campeonato Brasileiro se reuniram para evitar a recondução do Procurador Geral do STJD do Futebol que estava no cargo por mais de dez anos. Este mesmo movimento também pela primeira vez indicou os nomes que lhe são atribuídos em lei.

FIGURA 6 — Correspondência dos principais clubes de futebol da série "A" dirigida ao Superior Tribunal de Justiça Desportiva, com cópia à Confederação Brasileira de Futebol, Rio de Janeiro, 02 de maio de 2016.

Cabe igualmente ressaltar que parentes, sejam ascendentes, descendentes ou colaterais diretos, além de cônjuges ligados a membros do próprio tribunal ou das entidades de administração desportiva, não podem participar da composição desses tribunais. Essa medida visa coibir o nepotismo que frequentemente ocorre em alguns tribunais, não apenas nos desportivos, mas em cortes estatais.

A imposição de critérios objetivos e meritocráticos exonerariam os ocupantes dos cargos da Justiça Desportiva das saias-justas a que estão expostos em razão da indicação política, acarretando independência, tecnicidade e idoneidade[116] aos tribunais.

Proveria aos concursados remunerações dignas, condizente com a importância de suas decisões para as competições esportivas e com o tempo debruçado sobre matérias e normas desportivas.

Outro aspecto que merece ser revisado é o livre acesso dos membros da Justiça Desportiva às competições (Artigo 20 do CBJD). O aludido dispositivo legal menciona "sempre que entender necessário para o exercício de suas funções" poderá ter livre acesso às partidas, porém questiona-se qual seria a necessidade de um auditor do TJD estadual em uma partida, cuja competência é da CONMEBOL?[117]

Além disso, a ausência de critérios claros para o acesso dos auditores pode gerar abusos e arbitrariedades, comprometendo a confiança e a transparência do processo.

Outro ponto crítico é que as decisões sobre o acesso aos locais das competições podem ser tomadas de forma independente e sem uma orientação clara, o que pode gerar divergências e incoerências entre a modalidade e esfera de atuação, conforme questionado mais a cima.

Dessa forma, a possibilidade de acesso indiscriminado pode gerar custos e demandas excessivas para os organizadores das competições, especialmente se envolverem locais privados, comprometendo o desenvolvimento do esporte.

Por fim, a possibilidade de acesso indiscriminado pode ser questionada em relação à sua efetividade na promoção de valores éticos e esportivos. Embora o objetivo seja proteger a integridade do esporte, a falta de critérios transparentes e a possibilidade de abusos e arbitrariedades podem comprometer sua eficácia na promoção desses valores, gerando desconfiança e imparcialidade, especialmente se a

---

[116] Em consulta de campo acadêmica, no julgamento de uma partida da liga amadora, o presidente de um tribunal desportivo estadual, solicitou aos auditores que julgassem o caso conforme orientação do presidente da federação por ausência de datas em caso de anulação. Infelizmente há possibilidade de julgamentos menos técnicos e mais políticos.

[117] A simples nomeação de auditores desportivos se assemelha a indicação de membros pelo quinto constitucional, no qual não é obedecido um parâmetro técnico e sim político.

ação for realizada sem justificativa clara. Isso pode comprometer a relação entre as partes e prejudicar a reputação do órgão.

Assim, entende-se que se deve justificar tal necessidade e está ser deferida pelo presidente do próprio tribunal, a fim de evitar a livre distribuição de ingressos em evento privado que não seja de sua competência.

5.2 Autonomia financeira e tribunais multidisciplinares

Não há como falar em autonomia da Justiça Desportiva, se não houver uma ruptura do modelo atual, em que as cortes são custeadas pelas federações, colocando em xeque a imparcialidade de suas decisões.

O Projeto de Lei 1.153/2019 prevê a criação de uma nova Lei Geral do Esporte, com consequente fim do Código Brasileiro de Justiça Desportiva (CBJD) após um ano de *vacatio legis*, outorgando às entidades de administração de cada esporte a codificação de sua própria Justiça Esportiva, mantendo o custeio das novas cortes esportivas às respectivas federações.

Observa-se que a proposta de alteração legislativa já nasce mantendo os problemas atuais, sem enfrentar a verdadeira profissionalização que a Justiça Desportiva requer.

Cabe ressaltar que a intenção do legislador foi retirar do Estado (Conselho Nacional do Esporte) a elaboração dos códigos disciplinares, fato que realmente fere a autonomia desportiva, muito embora se trate de meras regras processuais, em vez de cada federação/confederação escolher seu próprio Código de Justiça Desportiva, circunstância que fere a independência da aplicação de suas normas.

FIGURA 7 — STJD no Banco dos Réus[118] | Rio de Janeiro, 23 de setembro de 2007

Assim, entende-se que o mais adequado seria a adoção de um Código Brasileiro de Justiça Desportiva do Futebol e de um Código Brasileiro de Justiça Desportiva das demais modalidades, sendo que ambos os códex devem ser formulados pelo Conselho Nacional de Justiça Desportiva com o auxílio da Escola Nacional de Justiça Desportiva, de forma paritária, por seus membros admitidos através de certame seletivo.

---

[118] Infoglobo, Jornal O Globo — página 54.

Ressaltam-se, inicialmente, os grandes valores que o futebol movimenta. Diante de toda essa relevância econômico-social, o futebol tem sido tratado como negócio. Por ter se tornado uma necessidade indispensável do brasileiro, em parte também pelo poder da mídia, o futebol é considerado pelo mercado comercial como um produto altamente rentável, justificando a criação de uma corte específica para suas demandas.

Alinha-se ao entendimento, o avanço da comunidade internacional na criação do ICAS, desvinculando-se do COI e das funções de manutenção financeira do Tribunal Arbitral do Esporte, principalmente, no tocante à sua administração e direção.

Visando corrigir a problemática do projeto de lei em trâmite na Câmara, conclui-se que as demais modalidades, fora o futebol, são deficitárias, inexistindo percepção da manutenção financeira que um tribunal requer, muito menos de manter mais de 1.400 tribunais pelo país, conforme prevê a redação do projeto de lei, podendo ser unificados em um único órgão jus-desportivo multidisciplinar, composto de câmaras especializadas por modalidades e uma câmara só para o futebol.

O futebol é a modalidade que mais gera demanda, por se tratar do esporte mais praticado em todo o mundo, tanto profissionalmente quanto de forma amadora ou recreativa, necessitando de um acompanhamento maior dos órgãos de resolução de litígios da seara esportiva, que possui, por isso, um vasto leque de práticas, decisões e entendimentos a serem estudados, servindo, outrossim, de exemplo para os Tribunais Desportivos das demais modalidades esportivas.

Seria criado um órgão, de maneira análoga ao ICAS do CAS, um ICAS nacional denominado Conselho Nacional de Direito Desportivo com um Cadastro Nacional de Pessoas Jurídicas para custear as atividades do ecossistema próprio, tendo a Escola Nacional de Justiça Desportiva como órgão integrante voltado para educação e conscientização dos jurisdicionados. Vide organograma funcional criado para melhor elucidação em anexo.

O Tribunal Arbitral Desportivo teria competência para processar e julgar as causas relativas aos direitos patrimoniais disponíveis e o Superior Tribunal de Justiça Desportiva como instância máxima, para processar e julgar as demandas relativas às competições e disciplinas, sendo compostos por três câmaras: do futebol, da arbitragem e das demais modalidades.

No tocante ao financiamento dessa estrutura, as receitas provenientes das porcentagens do recadastramento anual dos clubes junto às entidades de administração do desporto, bem como aquelas oriundas de uma porcentagem das receitas dos campeonatos, devem ser depositadas em um fundo de investimento.

Seriam instituídos dois códigos disciplinares, um para o futebol e outro para as demais atividades desportivas olímpicas, em que a adequação da dosimetria das penas ficaria vinculado aos pronunciamentos jurisprudenciais da própria corte, uma vez que a pena de multa para um jurisdicionado do futebol não poderia ser a mesma pena de multa para o remo, sob pena de extinção da modalidade deficitária.

Figura 8 — Fluxograma criado pelo autor como proposta do novo sistema de Justiça Desportiva

5.3 Inserção de métodos alternativos de resolução de conflitos (conciliação e mediação)

Após a Revolução Francesa, cabia ao julgador aplicar o ordenamento positivado à demanda, simplificando demais a atividade responsável por trazer a paz social.

Sobre a função do julgador, Chiovenda nos ensina[119]:

> Essas minuciosas normas não representam simples complexo desorgânico: constituem um sistema, cuja força dinâmica reside no princípio de que "sempre que uma controvérsia não se possa decidir com uma precisa disposição de lei, atender-se-á às disposições que regulam casos similares ou matérias análogas; quando o caso perdure, ainda assim, duvidoso, decidir-se-á segundo os princípios gerais de direito" (art. 3º, disposições preliminares do Cód. Civil). De sorte que, a mais das normas escritas nas leis, existe indefinido número de outras, inferíeis da analogia ou dos princípios gerais de direito; e é muito difícil que um fato novo, não somente imprevisto na lei, mas jamais ocorrido antes dela, não encontre nesse sistema de normas seu regulamento preventivo e potencial. Pois que, se, em verdade, ocorresse um fato novo, a que fosse impossível encontrar no sistema das normas uma disposição aplicável, significaria que neste caso falta uma vontade de lei que garanta o bem reclamado pelo autor e se formará uma vontade negativa de lei.

Todavia, a complexidade da sociedade moderna, contaminada por conceitos jurídicos imprecisos, exige métodos de interpretação hermenêuticos cada vez mais sofisticados, uma quase complementação legislativa. Logo, o juiz/auditor é o intérprete da norma, sendo responsável não só pela reconstrução do fato, mas pela ligação do fato ao preceito legal em harmonia com os princípios e costumes.

---

[119] CHIOVENDA, Giuseppe. Instituições de direito processual civil. v. I, p. 42.

Conforme leciona Mauro Cappelletti[120], em razão do advento do Estado Social, iniciaram-se os movimentos de extensão do alcance à justiça, exigindo-se, pois, a atuação positiva do Estado, a fim de garantir concretamente o acesso aos direitos individuais e sociais previstos a todos.

É nesse contexto de garantia à igualdade material que surge a concepção dos meios alternativos de solução de conflitos como ferramentas de ampliação da acessibilidade à justiça.

Os meios alternativos de resolução de conflitos mais utilizados em diversos ramos do Direito é a mediação e arbitragem.

No esporte, os benefícios do uso da arbitragem são inúmeros, na forma suprema o TAS/CAS. Ressalte-se que, dada à especificidade e à atuação do esporte, que sempre envolve a necessidade de agilidade e segurança na resolução de seus conflitos, a arbitragem eleva-se a um patamar mais importante do que os julgamentos mais tradicionais.

Em que pese o alto custo da utilização da arbitragem, este autor defende o pagamento de custas ao final do processo, bem como, a necessidade da presença de um defensor com múnus público, para garantir o acesso à justiça por via extrajudicial. É importante notar que, embora a mediação seja bastante comum, no esporte, a mediação pode desempenhar um papel maior nas resoluções esportivas, especialmente quando se trata de questões patrimoniais. Só há ganhos no mundo esportivo se a técnica certa for aplicada, principalmente devido à especificidade deste método de resolução de conflitos, que rende menos embate para todas as partes, contribuindo para a rápida solução da demanda.

Todo o raciocínio apresentado aqui recai sobre o princípio da efetividade da Justiça, pois este sim é o objetivo maior de todo o sistema processual: a realização da prestação jurisdicional, também, na seara desportiva.

Dworkin[121], jurista filosófico, critica a interpretação positivista, pelo fato de uma norma validar o ordenamento jurídico na totali-

---

[120] CAPPELLETTI, Mauro; GARTH, Bryan. Acesso à Justiça. Porto Alegre: Fabris, 1988, p.09.
[121] DWORKIN, Ronald. Levando os direitos a sério. São Paulo: Martins Fontes, 2020, p. 24.

dade, impondo a ideia de que os princípios não são necessários por terem no caso concreto pontos controversos.

Luiz Roberto Ayoub[122] endossa o pensamento anterior com o seguinte ensinamento:

> É do papel emancipatório das construções jurisprudências a responsabilidade de se adequar a legislação, oscilante e, muitas vezes incipiente, adequar o Direito, frágil, aos acontecimentos da vida, ao tempo da vida enquanto instituto social.

Os princípios desportivos estão adstritos apenas ao esporte, sendo fonte primária de qualquer juízo de valor em suas problemáticas.

5.4 Ampliação das atribuições pedagógicas e sociais da ENAJD

A Escola Nacional de Justiça Desportiva (ENAJD) foi inaugurada, no dia 11 de dezembro de 2014, com a função de disseminar o estudo da legislação desportiva, podendo, inclusive, celebrar convênios e/ou parcerias visando à sua propagação[123].

O esporte é o maior fenômeno social da humanidade. Nenhum outro evento atrai mais a atenção de pessoas de todas as nacionalidades do que os eventos esportivos.

Os canais de TV gratuitos têm pelo menos um programa esportivo diário. São mais de 10 canais transmitindo diversas modalidades desportivas em TVs por assinatura e diversos canais independentes nas redes sociais do *Youtube, Instagram, Facebook* e *TikTok*.

---

[122] AYOUB, Luiz Roberto. O direito empresarial em movimento e a sua constitucionalização: uma análise da recuperação e falência nas e das empresas. Rio de Janeiro: Instituto EDS, 2022, p. 74.
[123] Art. 41. Funcionará no Superior Tribunal de Justiça Desportiva a Escola Nacional de Justiça Desportiva — ENAJD — com a função de disseminar o estudo da legislação desportiva.
Art. 44. Poderá a ENAJD celebrar convênios e/ou parcerias com instituições de ensino superior visando melhorar suas condições de funcionamento e operacionalidade, assim como, realizar cursos itinerantes visando à propagação do direito desportivo.

O impacto desse fenômeno na sociedade mundial é imensurável, como nos ensina João Lyra Filho[124]:

> A influência dos desportos na vida em geral tem crescido no mundo quase inteiro, com reflexos diretos na educação e no cotidiano na maioria dos povos. Sente-se essa influência ali e acolá, até mesmo no vocabulário aplicado por autores de livros, conferências, discursos e pareceres. A concorrência aos espetáculos desportivos, a despeito das opções pelo rádio ou pela televisão, permanece crescente; intensifica-se a ponto de ser diagnosticada como um perigo, por desfigurar, segundo certos críticos, o conteúdo social da educação.

Dessa forma, aos tribunais esportivos não cabem apenas punir, mas sobretudo ensinar os atletas sobre a importância do direito personalíssimo da imagem dos atletas e a função socioeducativa que estes podem alcançar como exemplo para as crianças.

É preciso estabelecer cartilhas acessíveis com boas regras de conduta e palestras com profissionais das mais diversas áreas com intuito de melhor instruir os clubes, atletas e todos os que estão diretamente envolvidos no campeonato, pois não se educa apenas através da simples aplicação de medida punitiva, mas através do ensino de boas regras e exemplo. Nesse caso, a regra deve vir de cima, do topo da pirâmide.

Outra questão que merece ser destacada é a ausência de programas de educação para atletas e demais participantes de eventos esportivos, tal qual o sistema americano, que busca incentivar a educação e liberdade para os atletas poderem usar sua voz fora dos campos, pois suas ideias servirão de instrumento de disseminação de boas práticas na sociedade.

Não basta punir, é preciso educar. Educação gera respeito às leis, sendo uma forma de gerar justiça e felicidade à comunidade.

A Justiça Desportiva tem o papel de garantir o respeito aos direitos fundamentais dentro dos estádios e deve buscar sempre decisões

---

[124] LYRA FILHO, João. Introdução à Sociologia do Esporte. Rio de Janeiro: Bloch, 1973, p. 105.

de cunho pedagógico para que tristes episódios não se repitam. Mais do que multar, é necessária a aplicação de penalidades que busquem um caráter social e educativo, para os clubes poderem disseminar bons valores aos seus torcedores e, assim, evitar a repetição de condutas errôneas.

O respeito em relação às federações, suas competições, aos clubes oponentes e patrocinadores é um dos pilares para a manutenção de uma boa premiação aos clubes e atletas, porém esta não deve fazer parte de apreciação apenas pela Justiça Desportiva. A simples aplicação de punição por descumprimento do regulamento não gera o bom exemplo. Nesses casos, a entidade de administração desportiva ou até o patrocinador diretamente como signatário anuente do regulamento da competição, pode ingressar com procedimento de instauração próprio em uma corte arbitral, para julgar os danos causados pela conduta extracampo e de procedimentos criminais em relação a eventuais crimes.

A governança e integridade das entidades de administração desportiva devem se preocupar menos com a finalidade mercantil do esporte e a "indústria punitiva" dos Tribunais Desportivos e mais com a questão educacional dos atletas, seja dos futuros atletas, com programas de iniciação desportiva e educacional para as crianças ou dos que se aposentaram ou estiverem próximos disso, para poderem exercer profissões ligadas ao esporte, pois o período de atividade de um atleta é considerado curto, assim como, por outro lado, não se pode desprezar o conhecimento técnico que esses atletas absorveram em suas carreiras.

Os atletas em atuação devem, igualmente, receber preparo para o exercício da profissão e normas de boa conduta não apenas em campo, mas também fora, pois eles começam muito jovens e, muitas das vezes, não têm a possibilidade de aprenderem uma língua estrangeira ou a relevância da comunicação e, consequentemente, a importância de saber utilizar de maneira adequada as redes sociais, não apenas para evitar postagens discriminatórias, mas para incentivar os jovens torcedores que se miram no exemplo de seus ídolos.

Sobre essa problemática, importante se faz extrair ensinamentos da literatura de Michel Foucault, "Vigiar e punir: nascimento da prisão", que sobre como as penas violentas e arbitrárias trazem instabilidade para o sistema penal, em especial a sua ineficácia, já que não há o caráter educativo e social da pena[125].

A ideia de uma reclusão penal é explicitamente criticada por muitos reformadores. Porque não tem capacidade de responder às especificidades dos crimes, desprovida de efeito sobre a opinião pública e inútil para a sociedade, sendo muitas vezes até nocivo: por ser caro e mantendo os condenados na ociosidade, multiplicando-lhes o vício.

Assim, extrai-se o raciocínio de que não é adequado um tribunal de penas desportivo, em que seria insuficiente enquadrar um fato à norma positivada, sem qualquer caráter educativo.

O esporte incorpora o conjunto de direitos que integram a Declaração Universal dos Direitos Humanos, que apresentam os fundamentos "da liberdade, da paz e da justiça no mundo", significando que o esporte é cidadania e como tal deve respeitar os direitos fundamentais.

---

[125] FOUCAULT, Michel. Vigiar e punir: nascimento da prisão. 40 ed. Petrópolis: Vozes, 2012, p. 110.

CONCLUSÃO

Longe de esgotar a problemática, a presente dissertação almejou estudar o desporto como fato social universal que gera impacto na sociedade.

Sem embargo, o cerne do trabalho foi abordar a necessidade da profissionalização da Justiça Desportiva, com fulcro constitucional baseado na autonomia e independência previstas no Artigo 217 da CF/88, devendo figurar como uma justiça autônoma e especializada para decidir questões relativas à disciplina e às competições desportivas no país do futebol, onde o esporte movimenta cifras milionárias, multidões e negócios das formas mais variadas.

De todas as entidades do esporte brasileiro, a Justiça Desportiva é a única em que seus membros não são remunerados, mesmo exercendo papel relevante para a manutenção das competições, e, muitas vezes, escolhidos de forma política pelas federações que custeiam as cortes desportivas.

Assim, o sistema da Justiça Esportiva brasileira enfrenta uma série de melhorias necessárias para torná-la mais justa e acompanhar os desafios recentes do esporte e da sociedade.

Por conseguinte, visamos trazer ideias a fim de enriquecer o debate sobre a Justiça Desportiva, apontando sobre a necessidade premente de sua profissionalização, que já é uma realidade e um caminho sem volta.

Um dos pilares para essa profissionalização passa necessariamente pelo aumento da competência de atuação e especialização da Justiça Desportiva, afastando, consequentemente, a possibilidade de intervenção estatal no esporte, a fim de gerar segurança para os seus jurisdicionados.

A segurança jurídica eleva a credibilidade da modalidade e consequentemente atrai mais público e mais investimentos. Dessa forma, todos saem ganhando.

Parafraseando o patrono do Direito Desportivo brasileiro, João Lyra Filho, não será possível ter senso de justiça, se as matérias desportivas forem analisadas pelas leis gerais do ordenamento jurídico.

Primeiramente pela falta de sensibilidade dos princípios desportivos; e a duas podendo causar instabilidade nas competições diante da morosidade do Judiciário, gerando grandes prejuízos para as competições. A título de exemplificação, fica em nossa memória o caso da Copa União de 1987, decidido no Supremo Tribunal Federal, quase 30 anos após os resultados de campo e ainda está pendente de ação rescisória.

A Justiça Desportiva Brasileira, tratada como jurisdição especializada, de raiz constitucional, foi a primeira do mundo a ter esse tipo de previsão específica em Constituição, estando apta a contemplar a solução de litígios desportivos, necessitando apenas de melhorias significativas, que defendam sua profissionalização e sua nova organização funcional e financeira.

O desenvolvimento do esporte e suas competições passa obrigatoriamente pelo respeito à justiça e aos direitos humanos através da Justiça Desportiva, que possui papel fundamental em nossa identidade como nação em que se preza por maior isonomia e humanidade entre todos seus cidadãos.

A Justiça Desportiva, apesar de algumas críticas, demonstra ser eficiente, porém necessita de pequenos ajustes como sua profissionalização e maior autonomia em relação às entidades de administração desportiva.

LISTA DE FIGURAS

Figura 1 — Fluxograma atual da Justiça Desportiva | Acesso em: 10 de setembro de 202227

Figura 2 — STJD no Banco dos Réus | Rio de Janeiro, 23 de setembro de 2007|67

Figura 3 — 30 Coisas que odiamos no Futebol Brasileiro | São Paulo, julho de 200969

Figura 4 — 30 Coisas que odiamos no Futebol Brasileiro | São Paulo, julho de 200969

Figura 5 — STJD no Banco dos Réus | Rio de Janeiro, 23 de setembro de 200779

Figura 6 — Correspondência dos principais clubes de futebol da série "A" dirigida ao Superior Tribunal de Justiça Desportiva, com cópia à Confederação Brasileira de Futebol80

Figura 7 — Correspondência dos principais clubes de futebol da série "A" dirigida ao Superior Tribunal de Justiça Desportiva, com cópia à Confederação Brasileira de Futebol81

Figura 8 — Fluxograma criado pelo autor como proposta do novo sistema de Justiça Desportiva84

LISTA DE ABREVIATURAS E SIGLAS

ABCD	Autoridade Brasileira de Controle de Dopagem
CAS	Corte Arbitral do Esporte (*Court of Arbitration for Sports*)
CBA	Código Brasileiro Antidopagem
CBF	Confederação Brasileira de Futebol
CBJD	Código Brasileiro de Justiça Desportiva
CF/88	Constituição da República Federativa do Brasil de 1988
CND	Conselho Nacional de Desportos
CNE	Conselho Nacional de Educação
CNRD	Câmara Nacional de Resolução de Disputas
COI	Comitê Olímpico Internacional
CONMEBOL	*Confederación Sudamericana de Fútbol* (Confederação Sul-Americana de Futebol)
CPC	Código de Processo Civil
CRC	Câmara de Resolução de Controvérsias
CRL	Comitê de Resolução de Litígios
DRC	*Dispute Resolution Chamber*
ENJD	Escola Nacional de Justiça Desportiva
FAC	*Football Association Cup*
FIFA	Federação Internacional de Futebol
JAD	Justiça Desportiva Antidopagem
LBAFD	Lei de Bases da Atividade Física e do Desporto
LBSD	Lei de Bases do Sistema Desportivo
OAB	Ordem dos Advogados do Brasil
ONU	Organização das Nações Unidas
PSC	*Players' Status Committee*
RGAS	Regulamentos que regem a aplicação dos Estatutos FIFA (*Regulations Governing the Application of the FIFA Statutes*)

RSTF	*Regulation for the Status and Transfer of Players*
RSTJ	Regulamento sobre Status e Transferência de Jogadores
RSTP	*Regulation for the Status and Transfer of Players*
STJ	Superior Tribunal de Justiça
STJD	Supremo Tribunal de Justiça Desportiva
TAD	Tribunal Arbitral de Desporto
TAS	Tribunal Arbitral do Esporte (*Tribunal Arbitral du Sport*)
TAS/CAS	Tribunal de Arbitragem para o Desporto
TJD	Tribunais de Justiça Desportiva
UNESCO	Organização das Nações Unidas para a Educação, a Ciência e a Cultura
WADA	*World Anti-Doping Agency*

REFERÊNCIAS

ALEXY, Robert. *Teoria dos Direitos Fundamentais*. Trad: Virgílio Afonso da Silva. São Paulo: Malheiros, 2008, p. 74.

ALTHOFF DECAT, Scheyla. *Direito Processual Desportivo*. Belo Horizonte: Del Rey, 2014, p. 40.

AYOUB, Luiz Roberto. *O direito empresarial em movimento e a sua constitucionalização: uma análise da recuperação e falência nas e das empresas*. Rio de Janeiro: Instituto EDS, 2022, p. 74.

BARROSO, Luis Roberto. *Curso de Direito Constitucional Contemporâneo: os conceitos fundamentais e a construção do novo modelo*. São Paulo: Saraiva, 2009, p. 318.

BEDAQUE, José Roberto dos Santos. *Tutela cautelar e tutela antecipada: tutelas sumárias e de urgência*. São Paulo: Malheiros, 2009, p. 71.

BONICIO, Marcelo José Magalhães. *Introdução ao processo civil moderno*. São Paulo: Lex Editora, 2009. p. 74.

BRASIL. Constituição Federal de 1988. Disponível em: http://www.planalto.gov.br/ccivil_03/constituicao/constituicaocompilado.htm. Acesso em: 25 de agosto de 2022.

BRASIL. Lei 9.615 de 24 de março de 1998. Disponível em: http://www.planalto.gov.br/ccivil_03/leis/L9615Compilada.htm. Acesso em: 20 de agosto de 2022.

CAMARGOS, Wladimyr. *João Lyra Filho e a distorção do espaço-tempo*. Lei em Campo, 2019. Disponível em: https://leiemcampo.com.br/joao-lyra-filho-e-a-distorcao-do-espaco-tempo/. Acesso em 22 de agosto de 2022.

CAPPELLETTI, Mauro; GARTH, Bryan. *Acesso à Justiça*. Porto Alegre: Fabris, 1988, p. 09.

CARDOSO, Pablo Duarte. *1987: a história definitiva*. 1ª ed. Rio de Janeiro: Maquinária, 2017, pp. 255-276.

CARMONA, Carlos Alberto. *Arbitragem no Processo Civil Brasileiro*. 1ª ed. São Paulo: Malheiros, 1993, p. 19.

CANOTILHO, José Joaquim Gomes. *Direito Constitucional e Teoria da Constituição*. 5ª ed. Editora Livraria Almedina, 2002.

CHIOVENDA, Giuseppe. *Instituições de direito processual civil*. São Paulo: Saraiva, 1969. v. II, p. 11.

CINTRA, Antonio Carlos de Araújo; GRINOVER, Ada Pellegrini; DINAMARCO, Cândido Rangel. *Teoria Geral do Processo*. 31ª ed. São Paulo: Malheiros Editores Ltda., 2015, p. 166.

DE PALMA BARRACCO, Roberto. *Contribuição para a sistematização do processo desportivo: fundamentos da jurisdição desportiva*. São Paulo, 2018, p. 178.

DEL VECCHIO, George. *Lições de filosofia do direito*. Coimbra: Arménio Amado. 1972, p. 140.

DIDIER JR, Fredie. *Curso de Direito Processual Civil*. 17ª ed. Vol. 1. Salvador: Editora Juspodivm, 2015, p. 306.

DINAMARCO, Cândido Rangel. *A Instrumentalidade do Processo*. 14ª ed. São Paulo: Malheiros Editores, 2009, p. 87.

DINAMARCO, Cândido Rangel; LOPES, Bruno Vasconcelos Carrilho. *Teoria Geral do novo Processo Civil*. 3ª ed. São Paulo: Malheiros Editores, 2018, p. 79.

DWORKIN, Ronald. *Levando os direitos a sério*. São Paulo: Martins Fontes, 2020, p. 24.

FARIA, José Eduardo. Direitos Fundamentais e Jurisdição: o Judiciário após a globalização. In _____. *Direito em Debate*. Vol. 9. Ijuí: Departamento de Ciências Jurídicas e Sociais da Unijui, 1997, pp. 10-11.

FOUCAULT, Michel. *Vigiar e Punir*. 40ª ed. Petrópolis: Vozes, 2012, p. 110.

GUILHERME, Luiz Fernando do Vale de Almeida. *Arbitragem*. São Paulo: Quartier Latin, 2003, p. 34.

JÚNIOR, Luiz Antonio Scavone. *Manual de arbitragem*. 4ª ed. São Paulo: Editora Revista dos Tribunais Ltda, 2011.

LOPES JR., Aury. *Direito processual penal*. 13ª ed. São Paulo: Saraiva, 2016, p. 39.

LYRA FILHO, João. *Introdução ao Direito Desportivo*. Rio de Janeiro. Irmãos Pongetti, 1952, p. 82.

REFERÊNCIAS

LYRA FILHO, João. *Introdução à Sociologia do Esporte*. Rio de Janeiro: Bloch, 1973, p. 105.

MARTINS, Pedro Batista. Acesso à justiça. In:_____. *Aspectos fundamentais da lei da arbitragem*. Rio de Janeiro: Forense, 1999, p. 4.

MELO FILHO, Álvaro. *Comentários a Lei n. 9.615/98*. Brasília, Brasília Jurídica, 1998, p.142.

MELO FILHO, Álvaro. *Direito Desportivo Atual*. Rio de Janeiro: Forense, 1986, p.20.

MELO FILHO, Álvaro. Justiça Desportiva: Constitucionalização, Natureza e Limite. In:_____. *Justiça Desportiva. Perspectivas do Sistema Disciplinar Nacional, Internacional e no Direito Comparado*. São Paulo. 2018. Quartier Latin.

MELLO, Marco Aurélio. Liberdade de Expressão, Dignidade Humana e Estado Democrático de Direito. In:_____. *Tratado Luso-Brasileiro da Dignidade da Pessoa Humana*. São Paulo: Quartier Latin, 2009.

MENDES, Gilmar Ferreira. *Curso de Direito Constitucional*. São Paulo: Saraiva Jur, 2022, p. 276.

MIRANDA, Jorge. *Direito Constitucional — Tomo IV*. Coimbra: Coimbra Editora, 2000.

MIRANDA, Martinho Neves. *O Direito no Desporto*. Lumen Juris. 1ª. ed. Rio de Janeiro. 2007, p 31.

NICOLAU, Jean Eduardo. *Direito Internacional Privado do Esporte*. São Paulo: Quartier Latin, 2018, p 347.

NICOLAU, Jean Eduardo. Tribunal Arbitral do Esporte: funcionamento e perspectivas. In:_____. *Revista Brasileira de Direito Desportivo*, vol. 18. São Paulo: Revista dos Tribunais, 2010, p. 316.

PIOVESAN, Flávia. *Direitos humanos e o Direito Constitucional Internacional*. 10ª ed. — Revista e atualizada. Editora Saraiva, 2009, pág. 44.

SCHMITT, Paulo Marcos. *Curso de Justiça Desportiva*. São Paulo: Quartier Latin do Brasil. 2007.

TERZI, Jhansi. "Tribunais Arbitrais Desportivos — possibilidade — meio alternativo de solução de conflito jus desportivo trabalhista de atleta profissional do futebol". In:_____. *Direito no Desporto Cultura e Contradições*. Rio de Janeiro: Letra Capital, 2013, p. 143.

TUBINO, Manoel José Gomes; GARRIDO, Fernando Antonio Cardoso; TUBINO, Flávio Mazeron. *Dicionário enciclopédico Tubino do esporte.* Rio de Janeiro: SENAC Editoras, 2007. p. 37.

OLIVEIRA, Leonardo Andreotti Paulo de.; LANFREDI, Luis Geraldo Sant'Anna. (Coord.). *JUSTIÇA DESPORTIVA — Perspectivas do Sistema Disciplinar Nacional, Internacional e no Direito Comparado.* 1ª ed. São Paulo: Quartier Latin, 2018, p. 264.

ONU. Declaração Universal dos Direitos Humanos. Paris, 10 dez. 1948. Disponível em: https://www.unicef.org/brazil/declaracao-universal-dos-direitos-humanos. Acesso em 08 de setembro de 2022

PORTUGAL. Lei n.º 74/2013, de 06 de setembro; TRIBUNAL ARBITRAL DO DESPORTO.

SAYEG. Ricardo. *O capitalismo humanista.* Rio de Janeiro: KBR Editora Digital Ltda, 2011, p. 204.

SARLET, Ingo W. *A Eficácia dos Direitos Fundamentais.* Porto Alegre: Livraria do Advogado, 2009, p. 92.

SOARES. Jorge Miguel Acosta. *O dono da bola: o Estado Novo e a justiça desportiva no Brasil.* Appris. 1ª edição. Curitiba. 2021. p. 20.

Manoel José Gomes. *500 anos de Legislação Esportiva Brasileira: do Brasil Colônia ao início do Século XXI.* Rio de Janeiro: Shape, 2002.

UNESCO. Carta Internacional da Educação Física e do Esporte da UNESCO. Paris, 21 nov. 1978. Disponível em: https://unesdoc.unesco.org/ark:/48223/pf0000216489_por. Acesso em: 08 de setembro de 2022.

WAMBIER, Luiz Rodrigues (coord.). *Curso Avançado de Direito Processual Civil.* 3ª. ed. São Paulo: Revista dos Tribunais, 2001.

WAMBIER, Pedro Arrudo Alvim. A legitimidade da vedação das federações internacionais do acesso às cortes ordinárias de justiça. In:_____. Revista Brasileira de Direito Desportivo, Edição n. 29, 2017. São Paulo: Lex Magister, 2017, p. 119